Über dieses Buch Indem d'Alembert den methodischen Aufbau der von ihm gemeinsam mit Diderot projektierten Enzyklopädie erläutert, eröffnet er ein neuzeitliches Panorama des Wissens und vollzieht den endgültigen Bruch mit dem spekulativen Denken der Vergangenheit. »Erfahrung« heißt das Zauberwort, unter dem die Summe menschlicher Erkenntnis neu strukturiert und ausgelotet wird; Wissenschaft und Kunst, Wissen und Glauben, Systemdenken und Experiment, Theorie und Praxis bezeichnen die Spannungslinien, die d'Alembert als entscheidend für das aufklärerische Denken charakterisiert. Dabei legt er größtes Gewicht auf die Anwendung von Wissen, auf dessen handwerkliche Umsetzung (die ja dann auch in der Enzyklopädie selbst breiten Raum einnimmt), während Spekulation und bloße Gelehrsamkeit radikal entwertet werden. D'Alembert gibt schließlich einen kurzen wissenschaftshistorischen Überblick, in dem Bacon als Leitfigur der Aufklärung erscheint.
Die vorliegende Ausgabe enthält – neben der revidierten Übersetzung von d'Alemberts Text – biographische und bibliographische Angaben, eine kurze Geschichte der Enzyklopädie sowie einen Essay des Herausgebers über die ideologiegeschichtlichen Quellen und Konsequenzen jenes größten Projekts der Aufklärung.

Der Autor Jean Le Rond d'Alembert (1717–1783), französischer Philosoph, Mathematiker, Physiker und Literat, Mitglied der Académie Royale des Sciences und der Académie française. Initiator und Herausgeber der *Encyclopédie*. D'Alembert vertrat einen aufgeklärten Empirismus in der Nachfolge von Bacon und Locke.

Der Herausgeber Günther Mensching (geb. 1942) lehrt Philosophie in Hannover und Lüneburg. Übersetzer und Herausgeber verschiedener Editionen aus dem Umfeld der französischen Aufklärung (Voltaire, Helvétius). 1971 erschien *Totalität und Autonomie. Untersuchungen zur philosophischen Gesellschaftstheorie des französischen Materialismus.*

Jean Le Rond d'Alembert

Einleitung zur ›Enzyklopädie‹

Herausgegeben
und mit einem Essay
von Günther Mensching

Aus dem Französischen
von Annemarie Heins
Revision dieser Übersetzung
von Günther Mensching

Fischer Taschenbuch Verlag

Ungekürzte Ausgabe
Veröffentlicht im Fischer Taschenbuch Verlag GmbH,
Frankfurt am Main, März 1989
Titel des französischen Originals
›Discours Préliminaire de l'Encyclopédie‹ (1751)

Umschlaggestaltung: Buchholz / Hinsch / Hensinger
Gesamtherstellung: Clausen & Bosse, Leck
Printed in Germany
ISBN 3-596-26580-0

Inhalt

Vorwort (Avertissement) zu den Ausgaben von 1759 und 1763

Meine Einführung in die *Enzyklopädie* ist mit einer Nachsicht aufgenommen worden, die Dankbarkeit und Eifer in mir wachruft, ohne meinen Blick für die Unzulänglichkeit dieses Werkes zu trüben. Ich habe darauf aufmerksam gemacht und kann es nicht oft genug wiederholen, daß der Verfasser des diese Einführung beschließenden *Prospektes*, der einen wesentlichen Teil derselben ausmacht, Herr Diderot ist. Ihm ist auch die Übersichtstafel bzw. die schematische Darstellung der menschlichen Wissenschaften sowie die Erläuterung zu dieser Tafel zuzuschreiben. Ich hatte beide Schriftstücke mit seinem Einverständnis in meine Vorrede aufgenommen, weil sie eigentlich mit ihr eine Einheit bilden und ich sie selbst kaum hätte so gut anfertigen können.

Obwohl der Erfolg des Werkes weit über sein Verdienst und meine Erwartungen hinausging, habe ich glücklicher- oder vielleicht auch unglücklicherweise ziemlich wenige Kritiken über mich ergehen zu lassen brauchen. Einige rein literarischer Art gingen mir zu, deren Beantwortung ich überhoben zu sein glaube. Was liegt mir denn daran, daß man die Schulrhetorik, die große Zahl moderner lateinischer Schriftsteller, die Prosa Despréaux', Rousseaus, La Fontaines, Corneilles und vieler anderer Dichter beliebig hochschätzt, daß man wie der Pater Le Cointe einen gewissen Virgil (der Bischof, Priester oder Kirchendiener war) als »ziemlich üblen Menschen« betrachtet, weil er dem Papst Zacharias gegenüber Recht behalten hat; daß man die wiederholten Versuche einiger Theologen der römischen Kirche zur Dogmatisierung absurder und verderblicher Ansichten (wie z. B. diejenige der Unfehlbarkeit des Papstes oder seine Gewalt über die weltliche Macht des Königs) bestreitet; daß man mir endlich sogar die lebhafte Anerkennung zum Vorwurf macht, die ich einigen großen Männern unseres Jahrhunderts ausgesprochen habe, zu denen ich zum größten Teil keinerlei Beziehungen unterhalte und die von der List, Unwissenheit und Dummheit vergeblich in den Schmutz gezogen werden! Wenn es das einzige Verdienst meiner Abhandlung wäre, diese ausgezeichneten Schriftsteller gefeiert zu haben, dann würde dies schon von einigem Wert für die Nachwelt sein, sofern ihr die schwachen Erzeugnisse meiner Feder überhaupt vor Augen kommen werden. Sie wird mir dann Dank wissen für meinen Mut zur Gerechtigkeit allem Neid, Intrigen, kleineren Talenten und ihren Lobrednern oder Mäzenen gegenüber.

Man hat noch andere, schwerwiegendere Vorwürfe gegen mich erhoben, deren Bedeutung mir nicht gestattet, sie zu übergehen, deren Grundlosigkeit mich aber auch einer ernsthaften Rechtfertigung enthebt. Was soll ich in der Tat auch einem Kritiker auf die Anklagen erwidern, ich hätte die *Begriffe* von Gut und Böse – nicht etwa ihr spezifisches Wesen – eher aus dem Aufbau der Gesellschaft als aus willkürlichen Hypothesen abzuleiten versucht; ich hätte weiterhin nicht untersucht, wie ein auf einer verlassenen Insel geborener und sich selbst überlassener Mensch seine Begriffe von Tugend und Laster gewonnen haben würde (das hieße also, wie ein Phantasiegeschöpf sich über seine Pflichten gegenüber ihm völlig unbekannten Wesen Klarheit verschaffen würde); was soll ich auf die Beschuldigung antworten, aus der Erfahrung, der Geschichte und der Vernunft den Schluß gezogen zu haben, daß die Begriffe des moralisch Guten und Bösen bei den Heiden schon vor ihrer Erkenntnis des wahren Gottes vorhanden gewesen seien; daß ich den Menschen seiner Pflichten gegen das Höchste Wesen entledigt hätte, obwohl ich diese Pflichten zu wiederholten Malen erwähnte; daß ich die Dinge als *wirkende Ursache* unserer Sinnesempfindungen angesehen hätte – trotz meiner ausdrücklichen Versicherung, daß sie zu unseren Empfindungen in *keinerlei Beziehung* stehen; daß ich die Geistigkeit der Seele und die Existenz Gottes für Wahrheiten von genügender Klarheit gehalten und daher nur sehr kurze Beweise dafür gefordert hätte; daß ich nicht *ausführlich genug* über die christliche Religion gesprochen hätte, deren Erwähnung ich sogar hätte durchaus unterlassen können, da sie auf höherer Stufe steht als das enzyklopädische System der menschlichen Wissenschaften; was soll ich auf den Vorwurf erwidern, daß ich die natürliche Religion in ihrem Wert durch die Annahme entwürdigt hätte, daß das uns durch sie vermittelte Wissen um Gott und um unsere Pflichten gegen ihn sehr lückenhaft sei; daß ich gleichzeitig die Offenbarung herabgesetzt hätte, weil ich den Theologen das Recht zur Kritik zubilligte; daß ich endlich wie auch Pascal (der immerhin für meinen Gegner eine maßgebende Autorität sein sollte!) Wahrheiten gelten ließe, die ohne einander entgegengesetzt zu sein teils das Herz und teils den Geist ansprechen? Derartige Vorwürfe hat mir, ohne zu erröten, ein Journalist gemacht, der vielleicht weniger logisch denkt als orthodox empfindet, dessen übelwollende Haltung aber seine Orthodoxie wiederum bedeutend übersteigt. Zur Beantwortung dieser Vorwürfe genügt ihre Anführung und ein Hinweis meiner Nation gegenüber mit jenen Worten, die ein der Hexerei angeklagter Bauer dem römischen Volke sagte: »Veneficia mea, Quirites, haec sunt!« (»Meine Gifttränke, Quiriten – das sind sie!«)

Wenn gewisse Schriftsteller unseres Jahrhunderts ohne weiteres den Ton des religiösen Unglaubens anschlagen, dann muß man zugeben, daß einige andere wiederum ebenso mühelos den Vorwurf der Glaubenslosigkeit aussprechen. Diesen letzteren könnte man zurufen: »Seid christlich, aber seid es in dem Maße, daß ihr eure Mitbrüder nicht allzu leichtfertig des unchristlichen Verhaltens beschuldigt!«

Über das Werk selbst bleibt mir nur noch ein Wort zu sagen: Einige Personen haben – heimlich zwar und ohne Beweise – das Gerücht zu verbreiten versucht, daß mir der Plan des Werkes in den Schriften des Kanzlers Bacon in seiner Gesamtheit vorgelegen hätte. Eine kurze Beleuchtung dieser Beschuldigung wird den Leser in die Lage versetzen, darüber zu urteilen. Meine Abhandlung besteht aus zwei Teilen: der erste hat die Entstehung der Wissenschaften zum Gegenstand, und der zweite besteht aus der philosophisch-historischen Darstellung der Fortschritte des menschlichen Geistes seit der Wiedergeburt der Wissenschaften.

In diesem letzteren Teil ist nicht ein einziges Wort geistiges Eigentum des großen Mannes, dessen Plagiator zu sein man mich beschuldigt. Ebensowenig sind Bacon der Entwurf und die Darstellung der entstehungsgeschichtlichen Anordnung der Wissenschaften und Künste zuzuschreiben. Ich habe ihm lediglich gegen Ende dieses ersten Teiles einige sehr wenige Gedanken hinsichtlich der enzyklopädischen Anordnung des menschlichen Wissens entnommen, die, wie ich bewies, nicht mit der zeitlichen Entstehung der Wissenschaften verwechselt werden darf. Diese Gedanken habe ich von Bacon entlehnt und nie geleugnet, daß ich sie ihm verdanke, habe an sie jedoch viele weitere Gedankengänge angeschlossen, die wohl mein ausschließliches Eigentum sein dürften und sich ebenfalls auf die enzyklopädische Ordnung beziehen. Das wenige, was ich dem englischen Kanzler entnommen habe, bleibt demnach auf einige Zeilen meiner Abhandlung beschränkt, wovon man sich bei einem Blick auf die enzyklopädische Stammtafel Bacons ohne weiteres überzeugen kann *; und man sollte nicht vergessen, daß ich für ausdrückliche Hinweise auf das Wenige, das ich ihm danke, Sorge getragen habe. So schmilzt also das angebliche Plagiat zusammen, das man mir zum Vorwurf macht. Aber meiner Einleitung war das Glück des Erfolges beschieden, und man mußte natürlich versuchen, mir dieses zu entreißen.

* Anm. d'Alemberts: Dieser Stammbaum des Kanzlers Bacon ist am Schluß unserer Abhandlung abgedruckt. Wir bitten den Leser, zu vergleichen. Mit der Einführung in die Enzyklopädie darf die am Ende befindliche schematische Darstellung nicht verwechselt werden, deren weitgehende Anlehnung an den Kanzler Bacon wir ausdrücklich bestätigt haben, obwohl auch hier noch beträchtliche Unterschiede auftreten.

Anm. d. Herausgebers: Bacons Plan ist in unserer Ausgabe nicht wiedergegeben. Eine schematische Darstellung von d'Alemberts Wissenschaftsstammbaum findet der Leser auf den Seiten 116f. – Im folgenden verweisen hochgestellte arabische Ziffern auf erläuternde Anmerkungen des Herausgebers, die im Anhang (von S. 121 bis S. 126) wiedergegeben sind.

Einleitung zur Enzyklopädie

Die Enzyklopädie, die wir der Öffentlichkeit vorlegen, ist, wie schon ihr Name ankündigt, das Werk einer Gemeinschaft von Schriftstellern. Wenn wir nicht selbst zu ihnen zählten, dann glaubten wir versichern zu dürfen, daß sie alle einen guten Ruf genießen oder verdienen, bekannt zu werden. Aber ohne einem Urteil vorgreifen zu wollen, das nur den Gelehrten zusteht, halten wir es doch für unsere Pflicht, vor allem den Einwand abzuwehren, der den Erfolg eines so großzügig geplanten Unternehmens am meisten beeinträchtigen könnte. Wir erklären daher, daß wir durchaus nicht so kühn waren, uns allein eine Last aufzubürden, die unsere Kräfte weit übersteigt, und daß wir unsere Aufgabe als Herausgeber hauptsächlich in einer geordneten Zusammenstellung des Materials sehen, dessen weitaus größter Teil uns geschlossen von anderer Seite übergeben wurde. Wir hatten zwar dieselbe Erklärung bereits ausdrücklich im Text des »Prospektes«* abgegeben, doch hätte sie dort vielleicht an den Anfang gehört. Mit einer solchen Vorsichtsmaßregel wären wir vermutlich zahlreichen gebildeten Laien und selbst einigen Schriftstellern zuvorgekommen, die uns die Frage stellten, wie zwei Personen denn hätten imstande sein können, sämtliche Wissenschaften und Künste zu behandeln, und die doch sicherlich einen Blick in den »Prospekt« geworfen hatten, da sie ihm so liebenswürdig ihr Lob angedeihen lassen. Wollen wir also eine Wiederholung ihres Einwandes für immer verhindern, so bleibt uns dazu nur ein Mittel: wir müssen ihn mit den ersten Zeilen unseres Werkes endgültig widerlegen. Und das geschieht hiermit. Unsere einführenden Worte sind also ausschließlich für diejenigen Leser bestimmt, die sich nicht näher mit unserem Werk beschäftigen wollen. Den anderen jedoch schulden wir umfangreiche Einzelheiten über

* Anm. d'Alemberts: Dieser Propekt wurde im November 1750 veröffentlicht.

die Durchführung der Enzyklopädie, und sie werden sie im Verlauf dieser Abhandlung finden. Diesen nach Art und Stoff sehr wesentlichen Einzelheiten müssen wir jedoch einige philosophische Überlegungen vorausschicken.

Das Werk, das wir beginnen und auch zum Abschluß zu bringen wünschen, verfolgt ein doppeltes Ziel: als *Enzyklopädie* soll es, soweit dies möglich ist, Aufbau und Zusammenhang der menschlichen Kenntnisse aufzeigen; als *Methodisches Sachwörterbuch der Wissenschaften, Künste und Gewerbe* soll es von Wissenschaft und Künsten – freien wie mechanischen – die allgemeinen Prinzipien enthalten, auf denen sie beruhen, und darüber hinaus über die wichtigsten Einzelheiten berichten, die ihre Zusammensetzung und ihren Gehalt bestimmen. Diese beiden Gesichtspunkte einer Enzyklopädie und eines methodischen Wörterbuches ergeben denn auch Plan und Einteilung unserer Vorrede. Wir wollen beide ins Auge fassen, sie nacheinander verfolgen und über die Mittel Rechenschaft ablegen, mit deren Hilfe versucht wurde, dem doppelten Zweck Genüge zu tun.

Hat man auch über den Zusammenhang der verschiedenen Entdeckungen wenig Betrachtungen angestellt, so ist doch unschwer zu erkennen, daß Wissenschaften und Künste sich gegenseitig weiterhelfen und daß infolgedessen etwas Gemeinsames sie verbinden muß. Wenn es aber oft schon schwierig genug ist, Wissenschaften und Künste im einzelnen auf eine kleine Anzahl von Regeln oder Allgemeinbegriffen festzulegen, so ist es nicht weniger schwer, die unendlich verzweigte Vielfalt des menschlichen Wissens in einem einheitlichen System unterzubringen.

Unser erster Schritt in dieser Untersuchung ist also die Prüfung – man gestatte uns den Ausdruck – des Stammbaumes und des Zusammenhanges unserer Kenntnisse, der vermutlichen Ursachen ihres Entstehens und der Merkmale ihrer Unterscheidung; mit einem Wort, wir müssen bis zum Ursprung und zur Entstehung unserer Vorstellungen zurückgehen. Abgesehen von dem Nutzen, den wir für die enzyklopädische Erfassung der Wissenschaften und Künste aus dieser Untersuchung ziehen, dürfte eine solche wohl auch am Anfang eines methodischen Sachwörterbuches nicht fehl am Platze sein.

Alle Inhalte unseres Wissens lassen sich in unmittelbar erfaßte und in verstandesmäßig erworbene einteilen. Zu den ersteren zählen diejenigen, die wir ohne jede Willenshandlung auf direktem Wege aufnehmen, denen – wenn man so sagen darf – alle Türen unserer Seele offenstehen und die ohne Widerstand mühelos in sie eindringen. Die verstandesmäßig erworbenen Kenntnisse hingegen hat der Geist sich durch Verbindung und Zusammenstellung der unmittelbaren Eindrücke erarbeitet.

Alle unsere unmittelbaren Erkenntnisse lassen sich auf sinnliche Wahrnehmungen zurückführen; daraus folgt, daß es die Sinnesempfindungen sind, denen wir alle Vorstellungen verdanken. Dieser Grundsatz der ältesten Philosophen wurde von den Scholastikern lange Zeit als ein Axiom angesehen. Diese Ehre wurde ihm lediglich seines würdigen Alters wegen zuteil, und mit dem gleichen Feuereifer hätte man die substantiellen Formen oder die verborgenen Qualitäten[1] verteidigt. Bei der Wiedergeburt der Philosophie wurde daher diese Wahrheit mit ganz absurden Anschauungen, von denen man sie hätte unterscheiden müssen, auf eine Stufe gestellt. Man verdammte sie zusammen mit diesen Ansichten, weil nichts für die Wahrheit gefährlicher ist und sie stärker dem Verkanntwerden aussetzt als die Nähe oder die Legierung mit einem Irrtum.

Auf das Axiom der Scholastiker folgte das der eingeborenen Ideen.[2] Es war in mehrfacher Hinsicht verführerisch und hinterließ, vielleicht, weil es weniger bekannt war, noch stärkeren Eindruck. Nach langer Herrschaft hat es auch heute noch einige Anhänger aufzuweisen. Solcher Mühe bedarf die Wahrheit, um den Platz wieder einzunehmen, von dem sie durch Vorurteile oder Trugschlüsse verdrängt wurde. Erst seit verhältnismäßig kurzer Zeit stimmt man fast allgemein in der Ansicht überein, daß die alten Philosophen recht hatten; und das ist nicht der einzige Punkt, in dem wir ihnen wieder näherzukommen beginnen.

Die Existenz unserer Sinnesempfindungen steht unbestreitbar fest. Als Beweis, daß sie die Grundlage unserer gesamten Kenntnisse sind, genügt demnach schon der Nachweis, daß sie es sein könnten: denn die wahre Philosophie wird jeder auf Tatsachen oder anerkannten Wahrheiten beruhenden Schlußfolgerung den Vorzug vor derjenigen geben, die sich nur auf Hypothesen stützt, mögen diese auch noch so bestechend sein. Wozu die Annahme, daß wir rein geistige Begriffe von vornherein besitzen, wenn wir, um sie zu bilden, nur über unsere Sinneswahrnehmungen nachzudenken brauchen? Eine Betrachtung im einzelnen wird zeigen, daß diese Begriffe tatsächlich keinen anderen Ursprung haben.

Das erste, was unsere Sinnesempfindungen uns lehren und wir nicht von ihnen trennen können, ist unsere Existenz. Hieraus folgt, daß unsere ersten verstandesmäßig gewonnenen Vorstellungen uns selbst, das heißt jenes denkende Prinzip betreffen, das unser eigenstes Wesen ausmacht und von uns selbst in keiner Weise zu unterscheiden ist. Die zweite Erkenntnis, die wir unseren Sinnesempfindungen verdanken, ist diejenige der Existenz der Außenwelt, in die unser eigener Körper mit einzubeziehen ist, da er uns sozusagen als etwas Äußerliches erscheint, noch bevor wir die Eigenart des in uns denkenden Prinzips aufdecken. Die unzähligen Erscheinungen der Außenwelt rufen in uns eine so mächtige, so anhaltende und so bindende Wirkung hervor, daß nach einem ersten Augenblick, in dem unsere bewußten Vorstellungen uns auf das eigene Ich verweisen, wir aus ihm wieder herauszutreten gezwungen werden durch die Sinneseindrücke, die von allen Seiten auf uns einstürmen und uns der Einsamkeit entreißen, der wir ohne ihr Wirken verfallen würden. Die Vielfalt dieser Empfindungen, die Übereinstimmung, die wir an ihnen feststellen, die feinen Abstufungen, die wir dabei beobachten und ihr unwillkürlicher Eindruck, dem wir erliegen im Vergleich zur Willensbestimmung, die unsere verstandesmäßigen Vorstellungen leitet und doch auf den Bereich der Sinneseindrücke beschränkt bleibt – all dies erweckt in uns den unwiderstehlichen Drang, die Existenz der Dinge, auf die wir unsere Sinnesempfindungen beziehen und die uns als deren Ursache erscheinen, als gesichert zu betrachten. Diesen inneren Drang haben viele Philosophen für das Werk eines höheren Wesens und für den überzeugenden Beweis für die Existenz der Außendinge gehalten.[3]

Da keine Verbindung zwischen der einzelnen Sinnesempfindung und dem Gegenstand besteht, der sie hervorruft oder auf den wir sie zumindest beziehen, scheint es in der Tat ausgeschlossen, mit Hilfe eines Vernunftschlusses einen möglichen Übergang vom einen zum anderen zu finden. Nur eine Art Instinkt, unfehlbarer als selbst die Vernunft, konnte uns zur Überbrückung einer so großen Kluft veranlassen; und dieser Instinkt ist in uns so lebendig, daß, wenn man für einen Augenblick sein Fortbestehen auch im Falle des Verschwindens der Außendinge annähme, deren plötzliches Wiederauftauchen seine Kraft nicht zu steigern imstande wäre. Entscheiden wir uns also ohne Zögern dafür, daß unsere Empfindungen tatsächlich außerhalb unseres Ich die Ursache haben, die wir ihnen zuschreiben, da die Wirkung, die aus dem tatsächlichen Vorhandensein dieser Ursache folgen muß, in keiner Weise von der von uns empfundenen abweichen könnte. Folgen wir nicht jenen von Montaigne[4] erwähnten Philosophen, die auf die Frage nach dem Prinzip der menschlichen Handlungen zunächst untersuchen, ob es überhaupt Menschen gibt. Weit entfernt, eine Wahrheit vernebeln zu wollen, die selbst von den Skeptikern in der Praxis anerkannt wird, wollen wir den erleuchteten Metaphysikern die Mühe der weiteren Aufklärung des Prinzips dieser Wahrheit überlassen. Ihre Aufgabe ist es, den Stufengang unserer Seele bei diesem ersten Hinaustreten aus ihrem eigenen Bereich nach Möglichkeit zu bestimmen, bei dem sie gewissermaßen gleichzeitig vorwärtsgetrieben und zurückgehalten wird durch eine Fülle von Wahrnehmungen, die sie zur Dingwelt hindrängen und die doch, weil sie andrerseits ausschließlich ihr selbst angehören, einen engen Kreis um sie zu ziehen scheinen, den zu übertreten sie ihr nicht erlauben.

Von all den Dingen, die uns durch ihre Gegenwart beeindrucken, erregt die Existenz unseres eigenen Körpers unsere größte Aufmerksamkeit, weil er uns am vertrautesten ist. Aber kaum werden wir seiner Existenz bewußt, stellen wir auch schon fest, welcher Aufmerksamkeit es bedarf, alle ihn umgebenden Gefahren von ihm fernzuhalten. Da er tausend Bedürfnissen unterworfen ist und auf die Außendinge äußerst empfindlich reagiert, wäre er bald ruiniert, wenn wir uns nicht ständig mit seiner Erhaltung beschäftigten. Zweifellos rufen nicht alle Dinge der Außenwelt unangenehme Empfindungen in uns hervor; einige scheinen uns sogar durch das Vergnügen, das ihre Einwirkung uns bereitet, zu entschädigen. Aber die unglückselige Beschaffenheit des Menschen läßt nun einmal den Schmerz zu unserem stärksten Gefühl werden. Der Genuß beeindruckt uns weniger und reicht fast nie aus, uns über das Leid hinwegzutrösten. Umsonst behaupten einige Philosophen, der Schmerz sei keineswegs ein Übel, und unterdrücken in ihrem eigenen Leiden jede Klage; umsonst verlegten einige andere das höchste Glück in die Lust, der sie sich doch aus Furcht vor den Folgen stets versagten.[5] Sie alle würden unsere Natur besser erfaßt haben, wenn sie sich damit begnügt hätten, das höchste Glück des irdischen Daseins in der Befreiung vom Schmerz zu sehen und zuzugeben, daß dieses höchste Gut unerreichbar ist; daß uns nur die Möglichkeit bleibt, ihm nach dem jeweiligen Maß unserer Wachsamkeit und Sorgfalt mehr oder weniger nahezukommen. Diese natürlichen Gedankengänge werden unfehlbar jedem Menschen einleuchten, der seinem eigenen Denken überlassen und frei von den Vorurteilen von Schule und Erziehung bleibt: Sie werden die Folge des ersten Eindrucks sein, den er von den Außendingen erhält. Man kann sie zu den ersten seelischen Regungen rechnen, die so wertvoll für die wirklich weisen Menschen sind und deren Beachtung verdienten, aber vernachlässigt oder bestritten werden von der Schulphilosophie, deren Grundsätze sie fast immer widerlegen.

Die Notwendigkeit, unseren Körper vor Schmerz und Verfall zu schützen, veranlaßt uns, unter den Dingen der Außenwelt die für uns nützlichen und die schädlichen herauszufinden, um die einen zu begehren und die anderen zu meiden. Aber schon nach einer kurzen Musterung dieser Dinge entdecken wir eine große Anzahl von Wesen, die uns zu gleichen scheinen, deren Gestalt also mit der unseren völlig übereinstimmt und die, soweit wir dies auf den ersten Blick beurteilen können, dieselben Wahrnehmungen wie wir zu haben scheinen. Das alles weckt in uns den Gedanken, daß sie auch dieselben Bedürfnisse wie wir verspüren und infolgedessen das gleiche Interesse an deren Befriedigung haben. Wir müßten also folgerichtig einen großen Vorteil darin sehen, gemeinsam mit ihnen in der Natur das herauszufinden, was uns erhalten oder was uns schaden kann. Die gegenseitige Verständigung ist Grundbedingung und Stütze einer solchen Vereinigung und verlangt gebieterisch die Erfindung von Zeichen. Hier liegt also der Ursprung der Gesellschaftsbildung und gleichzeitig auch die Geburtsstunde der Sprachen.

Dieser aus so schwerwiegenden Beweggründen notwendig gewordene Verkehr mit den anderen Menschen erweitert alsbald unseren Gesichtskreis und läßt ganz neue Ideen reifen, die offenbar sehr verschieden von denen sind, die wir ohne diese Hilfe nur aus uns selbst gewonnen hätten. Die Philosophen mögen beurteilen, ob nicht dieser gegenseitige Gedankenaustausch in Verbindung mit der

Ähnlichkeit, die wir zwischen unseren Empfindungen und denjenigen unserer Mitmenschen bemerken, wesentlich zur Stärkung unserer unüberwindlichen Neigung beiträgt, die Existenz aller uns beeindruckenden Dinge als sicher anzunehmen. Um im Rahmen meines Themas zu bleiben, will ich lediglich bemerken, daß die Annehmlichkeiten und der Vorteil eines solchen Verkehrs, der unsere Ideen den anderen Menschen vermittelt oder uns an ihren Gedanken teilnehmen läßt, uns zu einer immer engeren Bindung an das begonnene Gemeinschaftsleben veranlaßt, um dieses zu einer denkbar nützlichen Einrichtung zu gestalten. Da nun aber jedes einzelne Mitglied den aus der Gesellschaft gezogenen Nutzen für die eigene Person zu steigern sucht und dabei das gleiche Bestreben aller anderen Mitglieder zu bekämpfen gezwungen ist, können unmöglich alle gleichmäßigen Anteil an diesen Vorteilen haben, obwohl jeder dazu berechtigt wäre. Ein in jeder Hinsicht wohlbegründetes Recht wird somit in kurzer Zeit durch jenes barbarische Gesetz der Ungleichheit – das sogenannte Recht des Stärkeren – verdrängt, dessen Anwendung uns auf eine Stufe mit den Tieren zu stellen scheint und dem nicht zu verfallen doch so schwierig ist. So ist die Stärke, die die Natur gewissen Menschen zweifellos nur zur Stütze und zum Schutz der Schwachen verliehen hat, ganz im Gegenteil gerade die Ursache für die Unterdrückung der letzteren geworden. Aber je schwerer der Druck, um so unwilliger wird er von den Menschen ertragen, weil sie fühlen, daß diese Unterjochung durch nichts gerechtfertigt ist. Auf diese Weise entstand der Begriff der Ungerechtigkeit und folgerichtig der des moralisch Guten und Bösen, nach dessen Ursprung so viele Philosophen gesucht haben und den die Stimme der Natur, die in jedem Menschen ertönt, selbst bei den wildesten Völkern verstehen läßt. So entstand auch das Naturgesetz, das wir in unserem Inneren vorfinden und auf dem die ersten Gesetze fußen, die von den Menschen aufgestellt wurden. Es ist selbst ohne Hilfe dieser Bestimmungen mitunter stark genug, die Unterdrückung wenn auch nicht aufzuheben, so doch in gewissen Schranken zu halten. So hat das Leid, das wir durch die Laster unserer Mitmenschen erfahren müssen, in uns ein bewußtes Erkennen der diesen Fehlern gegenüberstehenden guten Kräfte zur Folge, eine wertvolle Erkenntnis, auf die wir bei völliger Einheit und Gleichheit vielleicht hätten verzichten müssen.[6]

Die erworbene Vorstellung von Recht und Unrecht und damit auch vom moralischen Charakter unseres Tuns führt uns ganz natürlich zu Nachforschungen, welcher Art das in uns handelnde Prinzip oder – was dasselbe bedeutet – die wollende und konzipierende Substanz ist. Es bedarf keiner sehr tiefgründigen Kenntnis der Beschaffenheit unseres Körpers und der Vorstellung, die wir von ihm haben, um zu erkennen, daß er diese Substanz nicht sein kann, da die von uns an der Materie beobachteten Eigenschaften mit der Willenskraft und dem Denkvermögen nichts gemein haben. Daraus geht hervor, daß jenes Wesen, das wir unser »Ich« nennen, sich aus zwei Prinzipien verschiedener Art zusammensetzt, die jedoch so eng zusammengehören, daß zwischen den Bewegungen des einen und den Regungen des anderen eine Wechselbeziehung herrscht, die wir weder aufzuheben noch zu ändern in der Lage sind und die sie in gegenseitiger Abhängigkeit hält. Dieses von uns gänzlich unbeeinflußbare Abhängigkeitsverhältnis und die Überlegungen, die wir im Zusammenhang damit über das Wesen und die Unvollkommenheit der beiden Prinzipien anzustellen gezwungen sind, erzieht uns zur Anschauung einer allmächtigen Intelligenz, der wir verdanken, was wir sind, und die daher Verehrung von uns fordert. Zur Erkenntnis ihres Daseins würde schon unser inneres Gefühl ausreichen, selbst wenn das umfassende Zeugnis der anderen Menschen und der gesamten Natur nicht noch dazu beitrüge.

Offenkundig bilden also die rein verstandesmäßigen Begriffe von Laster und Tugend, das Prinzip und die Notwendigkeit der Gesetze, die Spiritualität der Seele, die Existenz Gottes und unsere Pflichten ihm gegenüber, kurz, die Wahrheiten, deren wir unmittelbar und unbedingt bedürfen, das Ergebnis der ersten bewußten Vorstellungen, die von unseren Sinnesempfindungen hervorgerufen werden.

So wichtig auch diese ersten Wahrheiten für den edelsten Teil unserer selbst sind, der eng mit ihm zusammengehörige Körper lenkt doch durch die Notwendigkeit, für seine unaufhörlich wachsenden Bedürfnisse zu sorgen, unsere Aufmerksamkeit rasch wieder auf sich. Zu seiner Erhaltung ist es notwendig, die Übel von ihm fernzuhalten, die ihn bedrohen, oder diejenigen zu heilen, von denen er befallen ist. Dieser Aufgabe suchen wir durch zwei Mittel gerecht zu werden: einmal durch selbsterworbenes Wissen und zum anderen mit Hilfe der Forschungen anderer Menschen, deren Ergebnisse zu benutzen uns der Verkehr mit ihnen gestattet. Auf diese Weise konnten sich zunächst Ackerbau und Medizin und schließlich alle lebensnotwendigen Handwerke entwickeln. Sie stellten unsere ursprünglichsten Kenntnisse und gleichzeitig auch den Ausgangspunkt aller weiteren dar, selbst derjenigen, die ihnen ihrer Natur nach sehr fern zu liegen scheinen. Hierauf werden wir noch näher eingehen müssen.

Durch gegenseitige Unterstützung mit ihren einzeln oder in gemeinsamer Anstrengung gewonnenen Einsichten kamen die ersten Menschen vielleicht schon innerhalb kurzer Zeit so weit, einen Teil der Verwendungsmöglichkeiten zu entdecken, welche die einzelnen Dinge ihnen boten. In ihrem Drang nach nutzbringenden Kenntnissen mußten sie anfangs jede müßige Spekulation ausschalten, mit schnellem Blick die verschiedenen Dinge, die die Natur ihnen bot, nacheinander ins Auge fassen und sie anhand ihrer auffallendsten und greifbarsten Eigenschaften gewissermaßen materiell verknüpfen. Dieser ersten Zusammenstellung mußte eine zweite, besser durchdachte, aber immer nur auf die praktischen Bedürfnisse gerichtete folgen. Diese hatte vornehmlich in der eingehenden Erforschung einiger minder sichtbarer Eigenschaften, in der Umgestaltung und Zerlegung der Gegenstände und in der sich hieraus ergebenden Anwendung zu bestehen.

Aber welche Wege die damaligen Menschen und ihre Nachfolger, angestachelt durch den so starken Selbsterhaltungstrieb, auch einschlagen mochten, sie stießen doch bei der Erforschung und Beobachtung des weiten Alls bald auf Hindernisse, die sie selbst mit größter Anstrengung nicht zu überwinden vermochten. Der menschliche Geist, an das Nachdenken gewöhnt und dringend bestrebt, daraus Nutzen zu ziehen, mußte nun eine Art Ausweg in der Entdeckung von Eigenschaften an den Dingen finden, die er aus reiner Neugier vornahm und der keine Grenzen gesetzt sind. Wenn eine große Anzahl angenehmer Kenntnisse uns hinreichend über den Verzicht auf eine einzige nutzbringende Wahrheit hinwegzutrösten in der Lage wäre, dann könnten wir sagen, daß das Studium der Natur, wenn es uns schon das Notwendigste versagt, uns doch zum mindesten verschwenderisch mit Freuden beschenkt: Dieser Überfluß leistet uns gewissermaßen einen unvollkommenen Ersatz für das Fehlende. Außerdem steht ja in der Rangordnung unserer Bedürfnisse und unserer leidenschaftlichen Wünsche das Vergnügen mit an erster Stelle, und die Wißbegier ist dem nachdenklich Veranlagten Bedürfnis, zumal dieser unruhige Drang noch durch eine Art Unmut über die Unmöglichkeit seiner völligen Befriedigung gesteigert wird. Eine beträchtliche Anzahl recht erfreulicher Kenntnisse verdanken wir also der bedauerlichen Unfähigkeit, uns diejenigen anzueignen, die ungleich wichtiger für uns wären. Noch ein weiterer Beweggrund bestärkt uns in einer solchen Tätigkeit: Wenn die Nützlichkeit schon nicht der Zweck ist, so kann sie wenigstens als Vorwand dienen. Haben wir nämlich gelegentlich aus gewissen Kenntnissen ganz unverhofft einen tatsächlichen Vorteil ziehen können, dann genügt uns dies, um auch alle aus reiner Neugier unternommenen weiteren Forschungen zu rechtfertigen unter dem Hinweis, daß sie uns ja eines Tages von Nutzen sein könnten. Hier liegt der Ursprung und auch der Grund für die Fortschritte jener umfassenden Wissenschaft, die gewöhnlich Physik oder Naturwissenschaft genannt wird und so viele Einzeldisziplinen in sich schließt: Ackerbau und Medizin, aus denen sie im wesentlichen hervorgegangen ist, stellen heute nur Zweige derselben dar und standen daher trotz ihrer Überlegenheit an Bedeutung und Alter in größerem oder geringerem Ansehen je nach dem Maße, in dem sie von den anderen Zweigen der Wissenschaft erdrückt oder in den Schatten gestellt wurden.

Bei diesem halb notgedrungenen, halb spielerisch unternommenen Studium der Natur stellen wir an den Dingen sehr viele Eigenschaften fest, die aber meist in einem einzigen Gegenstand so ineinander übergehen, daß wir sie zur gründlicheren Einzeluntersuchung jede für sich vornehmen müssen. Diese geistige Arbeit läßt uns bald Eigenschaften entdecken, die allen Lebewesen gemeinsam zu sein scheinen, wie etwa das Fortbewegungs- und das Beharrungsvermögen sowie die Fähigkeit, sich gegenseitig Bewegung mitzuteilen, der die wesentlichsten Veränderungen entspringen, die wir in der Natur beobachten können. Eine mittels unserer Sinne vorgenommene Untersuchung besonders dieser letzten Eigenschaft läßt uns bald eine weitere entdecken, von der die anderen abhängen: die Dichtigkeit, d. h. jene Qualität, der zufolge ein Körper den anderen von dem Platz ausschließt, den er selbst einnimmt, so daß also zwei einander äußerst nahegebrachte Körper niemals einen kleineren Raum einnehmen können als zwei getrennte Körper. Diese Eigenschaft der Dichtigkeit ist es hauptsächlich, die uns die Körper von jenen Teilen des unendlichen Raumes unterscheiden läßt, in die wir sie hineingestellt denken; so beurteilen es wenigstens unsere Sinne; und wenn sie uns über diesen Punkt täuschen sollten, so trüge der Irrtum so metaphysischen Charakter, daß unsere Existenz und unsere Selbsterhaltung nichts von ihm zu fürchten hätten und wir beständig und ohne es zu wollen einfach durch die gewohnte Art, die Dinge zu sehen, in diesen Irrtum zurückfallen würden. Alles weist uns darauf hin, den Raum als den wirklichen oder doch möglichen Ort der Körper zu betrachten; denn tatsächlich gelangen wir erst mit Hilfe der als durchlässig und unbeweglich angesehenen Teile des Raumes zu der klarsten Vorstellung, die wir von der Bewegung haben können. Wir sind also gleichsam auf natürliche Weise gezwungen, wenigstens im Denken zwei Arten der Ausdehnung zu unterscheiden, deren eine undurchdringlich ist, während die andere den Ort der Körper ergibt. Weil nun die Dichtigkeit relativ ist, also eine Eigenschaft, von der wir uns nur durch den Vergleich zweier Körper eine Vorstellung machen können, gewöhnen wir uns bald daran, sie als eine von der Ausdehnung abweichende Eigenschaft anzusehen und die eine unabhängig von der anderen zu betrachten, obgleich die Dichtigkeit als notwendige Voraussetzung zu unserer Vorstellung von der Materie gehört.

Nach dieser neuen Betrachtungsweise sehen wir die Körper nur noch als Teile des Raumes mit bestimmter Form und Ausdehnung. Damit haben wir den allgemeinsten und abstraktesten Gesichtspunkt, unter dem wir sie ins Auge fassen können, denn ein ausgedehnter Raum, in dem wir keine geformten Teile erkennen könnten, wäre nichts als ein entferntes und undeutliches Gemälde, bei dem alles in Nichts zerrönne, weil wir nichts unterscheiden könnten. Farbe und Form, die ständigen, wenn auch jeweils veränderlichen Eigenschaften des Körpers, dienen gewissermaßen zu dessen Abhebung vom Hintergrund, ja, eine von beiden genügt dazu schon. Wir ziehen daher bei einer möglichst begrifflichen Betrachtung der Körper die Form der Farbe vor, weil sie uns einmal infolge gleichzeitiger Erfassung durch Gesichts- und Tastsinn nähersteht und weil andrerseits die Form eines Körpers ohne Farbe leichter vorstellbar ist als die Farbe ohne Form; endlich auch, weil die Form eine leichtere und eindeutigere Festlegung der Raumteile gestattet.

Somit gelangen wir also dazu, die Eigenschaften der Ausdehnung einfach von der Form her zu bestimmen. Und das ist das Anliegen der *Geometrie*, die zur Erleichterung ihrer Aufgabe zunächst den eindimensional begrenzten Raum betrachtet, dann zwei und schließlich alle drei Dimensionen in Erwägung zieht, die das Wesen eines intelligiblen Körpers, d. h. eines in jeder Hinsicht durch begriffliche Grenzen bestimmbaren Raumteiles ausmachen.

Auf diese Weise entkleidet unser Geist planvoll durch Abstraktionen die Materie aller sinnfälligen Eigenschaften, um gleichsam nur ihr Schattenbild ins Auge zu fassen. Von vornherein wird man erkennen, daß die im Verlauf unserer Untersuchungen erzielten Entdeckungen jedesmal dann bedeutenden Nutzen bieten werden, wenn eine Berücksichtigung der Dichtigkeit der Körper nicht erforderlich ist, so z. B., wenn es sich um das Studium ihrer Bewegung handelt, wobei sie als geformte, bewegliche und voneinander entfernte Teile des Raumes angesehen werden.[7]

Diese Untersuchung des gestalteten Raumes veranlaßt uns zu einer großen Zahl von Kombinationen, und es bedarf der Erfindung irgendeines Mittels, um diese zu erleichtern. Da diese Kombinationen nun hauptsächlich in der Berechnung und im Verhältnis der einzelnen Teile bestehen, nach denen wir uns die geometrischen Körper zusammengesetzt denken, führt uns diese Untersuchung alsbald zur *Arithmetik* oder Wissenschaft von den Zahlen, die nichts anderes ist als die Kunst, auf kürzestem Wege die Formel für eine einzige, letzte Gleichung zu finden, die sich aus dem Vergleich mehrerer anderer ergibt. Die verschiedenen Wege zum Vergleich dieser Beziehungen ergeben dann die einzelnen Regeln der Arithmetik.

Weiterhin werden uns beim Nachdenken über diese Regeln schwerlich gewisse Prinzipien oder allgemeine Kennzeichen der Beziehungen entgehen, mit deren Hilfe wir, wenn wir sie in einer allgemeinen Formel zum Ausdruck bringen, ihre verschiedenen Kombinationsmöglichkeiten zu ermitteln vermögen. Auf allgemeine Formeln gebracht, sind die Ergebnisse dieser Kombinationen tatsächlich nur vorschriftsmäßige arithmetische Berechnungen, vorgelegt in der einfachsten und kürzesten Gleichung, die ihr allgemeiner Charakter überhaupt zuläßt. Die Wissenschaft oder Kunst, die Beziehungen auf solche Art aufzuzeigen, führt den Namen *Algebra*. Obgleich also überhaupt keine Rechnung ohne Zahlen möglich und keine Größe ohne Ausdehnung meßbar ist (denn ohne den Raum könnten wir die Zeit nicht genau messen), gelangen wir durch fortschreitende Verallgemeinerung unserer Vorstellungen zum Grundbestandteil der Mathematik und aller Naturwissenschaften, nämlich zur allgemeinen Größenlehre. Sie bildet die Grundlage aller Entdeckungen, die in bezug auf die Quantität möglich sind, d. h. auf alles, was sich vergrößern oder verkleinern läßt.

Diese Wissenschaft stellt den in der Betrachtung der Eigenschaften der Materie möglichen Endpunkt dar, und wir könnten nicht weitergehen, ohne zugleich völlig aus dem Bereich der materiellen Welt herauszutreten. Aber der Geist verfolgt seine Untersuchungen nun einmal in der Weise, daß er nach einer Verallgemeinerung seiner Wahrnehmungen bis zum Punkte ihrer äußersten Zergliederungsmöglichkeit dann auf demselben Wege zurückkehrt, von neuem die gleichen Wahrnehmungen macht und daraus allmählich von Stufe zu Stufe die wirklichen Dinge wieder Gestalt werden läßt, die den unmittelbaren und direkten Gegenstand unserer Sinnesempfindungen bilden. Und eben diese sich unmittelbar auf unsere Bedürfnisse beziehenden Dinge müssen auch das wichtigste Ziel unserer Nachforschungen sein. Die mathematischen Abstraktionen erleichtern uns zwar ihre Kenntnis, sind uns aber nur nützlich, wenn wir nicht bei ihnen stehenbleiben.

Deshalb geben wir dem gestalteten Raume, nachdem wir seine Eigenschaften durch mathematische Forschungen gewissermaßen erschöpft haben, zunächst die Dichtigkeit zurück, die sein körperliches Sein bestimmt und diejenige unter seinen feststellbaren Eigenschaften ist, die wir ihm zuletzt entzogen hatten. Diese neue Betrachtungsweise zieht notwendig eine Beobachtung der gegenseitigen Beeinflussung der Körper nach sich, denn die Körper wirken aufeinander eben nur durch ihre Undurchdringlichkeit. Aus dieser Tatsache werden die Gesetze des Gleichgewichtes und der Bewegung abgeleitet, die den Gegenstand der *Mechanik* bilden. Wir dehnen unsere Forschungen sogar auf die Bewegung der Körper aus, die ihren Antrieb von unbekannten Kräften oder Bewegungsursachen erhalten, wenn das Gesetz, dem diese Kräfte gehorchen, als bekannt vorausgesetzt werden kann oder muß.

Nach unserer endgültigen Rückkehr in die Welt der Körper werden wir nun bald gewahr, wie wir Geometrie und Mechanik anwenden können, um zu den vielseitigsten und tiefsten Erkenntnissen über die Eigenschaften der Körper zu gelangen. Auf diese Weise sind nahezu alle die Wissenschaften entstanden, die man als physikalisch-mathematische bezeichnet. Allen voran dürfte man wohl die *Astronomie* stellen, die schon wegen des herrlichen Schauspiels, das sie uns bietet, nächst dem Studium unserer selbst unsere Bemühungen in höchstem Maße verdient. Diese Wissenschaft verbindet Beobachtung mit Berechnung, läßt beide sich gegenseitig erhellen und bestimmt mit bewundernswürdiger Genauigkeit die Abstände und die verwickeltsten Bewegungen der Himmelskörper. Sie weist sogar die Kräfte selbst nach, die diese Bewegungen hervorgerufen und verändert haben. Mit vollem Recht kann man daher in der Astronomie die vornehmste und zuverlässigste gemeinsame Anwendung von Geometrie und Mechanik sehen und in ihren Fortschritten das sicherste Zeichen des Erfolges, den der menschliche Geist durch sein Streben zu erreichen vermag.

Einen nicht weniger großen Nutzen bieten uns die mathematischen Kenntnisse bei der Untersuchung der uns hier auf der Erde umgebenden Körper. Alle an diesen Körpern beobachteten Eigenschaften weisen untereinander mehr oder weniger ins Auge fallende Zusammenhänge auf. Meist ist die Erkenntnis oder das Aufspüren dieser Beziehungen das letzte Ziel, zu dem wir vordringen können, und es sollte infolgedessen auch unser einziges sein. Nicht auf unbewiesene oder willkürliche Annahmen gründen wir also die Hoffnung auf Erkenntnis der Natur, sondern auf ein durchdachtes Studium der Erscheinungen, auf Vergleiche, die wir mit diesen anstellen, auf die Kunst, eine große Anzahl von ihnen nach Möglichkeit auf eine einzige zurückzuführen und diese eine Eigenschaft dann als Ursprung aller anzusetzen. Je enger man die Grundsätze einer Wissenschaft zahlenmäßig begrenzt, um so größer wird tatsächlich deren Wirkungsbereich, denn da der Gegenstand einer Wissenschaft notwendig begrenzt ist, müssen die auf ihn bezogenen Grundlehren bei entsprechend geringerer Zahl um so ertragreicher sein. Diese Beschränkung, die gleichzeitig auch zum leichteren Verständnis dient, kennzeichnet den wahrhaft systematisch vorgehenden Geist, den man keinesfalls mit einem System-Geist verwechseln darf, mit dem er nicht in der gleichen Ebene liegt. Wir werden das im folgenden noch ausführlicher behandeln.

Je nach Schwierigkeit und Umfang des in Angriff genommenen Gegenstandes wird auch die erwähnte Beschränkung auf nur wenige Prinzipien mit mehr oder weniger Mühe zu bewerkstelligen sein: Wir können diese Aufgabe wohl mit einer gewissen Berechtigung denen überlassen, die sich dem Studium der Natur widmen. So besitzt z.B. der Magnet, ein aufs genaueste und mit überraschendsten Ergebnissen untersuchter Körper, die Eigenschaft, Eisen anzuziehen und seine Kräfte auf dieses zu übertragen, weiterhin sich den Erdpolen zuzudrehen, und zwar mit einer gewissen Abweichung, die nun ihrerseits wieder festen Regeln unterworfen und für uns nicht weniger erstaunlich ist, als eine ganz genaue Ausrichtung es sein könnte; endlich bildet er zur Horizontallinie entsprechend seinem Standort auf der Erde einen mehr oder weniger großen Neigungswinkel. Aber diese wesensbedingten Einzeleigentümlichkeiten des Magneten nehmen ihren Ausgang wahrscheinlich von einer ihnen zugrunde liegenden gemeinsamen Eigenschaft, die uns bis heute und vielleicht noch auf lange Zeit hinaus unbekannt ist. Da uns also die erforderlichen Kenntnisse und die nötige Klarheit über die physikalische Ursache der magnetischen Eigenschaften fehlen, wäre es zweifellos eine durchaus angebrachte Aufgabe für einen Philosophen, alle diese Qualitäten durch Aufzeigen ihres inneren Zusammenhanges nach Möglichkeit auf eine einzige zurückzuführen. Aber wenn auch eine derartige Entdekkung für den Fortschritt der Physik von größtem Nutzen wäre, haben wir doch alle Ursache, zu befürchten, daß sie unseren Anstrengungen versagt bleibt. Dasselbe behaupte ich auch von sehr vielen anderen Naturerscheinungen, deren verschlungene Zusammenhänge vielleicht in der allgemeinen Weltordnung ihren Grund haben.

Als einziges Hilfsmittel bei einer so anstrengenden, wenn auch notwendigen und sogar befriedigenden Forschungsarbeit bleibt uns also die weitestgehende Zusammenstellung von Tatsachen, ihre möglichst natürliche Einordnung und die Herausarbeitung einer gewissen Zahl grundlegender Feststellungen, von denen die übrigen lediglich Folgeerscheinungen darstellen. Wagen wir uns aber gelegentlich über dieses Ziel hinaus, dann nur unter Beobachtung jener

Bescheidenheit und Vorsicht, die einem so begrenzten Gesichtskreis wie dem unseren zukommt.

Dies wäre also der Plan, nach dem wir in diesem umfassenden Zweig der Physik, der den Namen *allgemeine Experimentalphysik* trägt, vorgehen müssen. Diese ist im Gegensatz zu den physikalisch-mathematischen Wissenschaften eigentlich nur eine methodische Sammlung von Versuchen und Beobachtungen, während jene durch die Anwendung mathematischer Berechnungen auf praktische Fälle manchmal aus einer einzigen Beobachtung eine Fülle von Folgerungen ableitet, die in ihrer Zuverlässigkeit den geometrischen Erkenntnissen sehr nahekommen. Die eine Erfahrung von der Zurückstrahlung des Lichtes ergibt danach die gesamte *Katoptrik* oder Lehre von den Eigenschaften der Spiegel; auf derjenigen von der Lichtbrechung beruht die mathematische Erklärung des Regenbogens sowie die Farbentheorie und die ganze *Dioptrik* oder Lehre von den Eigenschaften der Konkav- und Konvexlinsen; aus einer einzigen Feststellung über den Flüssigkeitsdruck gewinnt man die gesamten Gesetze vom Gleichgewicht und der Bewegung dieser Körper; und die einzige Beobachtung über die steigende Fallgeschwindigkeit der Körper führt schließlich zur Entdeckung der Fallgesetze auf schiefer Ebene und der Pendelgesetze.

Immerhin muß der Mißbrauch zugegeben werden, den die Mathematiker gelegentlich mit der Anwendung der Algebra auf die Physik treiben. Liegen als Berechungsangabe geeignete Experimente nicht vor, so erlauben sie sich die Aufstellung von Hypothesen, die zwar für sie äußerst bequem sind, sich jedoch von den wirklichen Naturverhältnissen weit entfernen. Sogar die Heilkunde hat man auf Formeln bringen wollen; und der so verwickelte Organismus des menschlichen Körpers ist von unsren algebra-besessenen Medizinern wie eine unkomplizierte oder ganz leicht zerlegbare Maschine behandelt worden. Es berührt uns eigenartig, diese Entdecker mit einem Federstrich hydraulische und statische Fragen lösen zu sehen, über deren Beantwortung die größten Mathematiker ihr ganzes Leben lang nicht herauskamen.[8] Wir wollen also an die meisten dieser Berechnungen und unbewiesenen Vermutungen einfach mit Vernunft und Vorsicht herangehen wie an gedankliche Spielereien, denen sich die Natur durchaus nicht zu unterwerfen braucht; und wir kommen nun zu dem Schluß, daß der einzig wahre

Weg der Naturphilosophie in der Anwendung der mathematischen Analyse auf die Erfahrungstatsachen oder auch nur in einer methodisch gelenkten und bisweilen durch Mutmaßungen und Hinweise auf neue Gesichtspunkte unterstützten Beobachtung liegt, die jedoch von jeder willkürlichen Hypothese streng geschieden werden muß.

Wir wollen einen Augenblick stehenbleiben und den bisher durchschrittenen Weg überblicken. Zwei Grenzen stellen wir in ihm fest, die sozusagen fast alle gesicherten und unserem natürlichen Verständnis zugänglichen Erkenntnisse in verdichteter Form umfassen. Eine dieser Grenzen stellt unseren Ausgangspunkt dar: Es ist die Vorstellung unserer selbst, die zu der des allmächtigen Wesens und unserer wesentlichsten Pflichten führt. Die andere ist jenes Gebiet der Mathematik, dessen Gegenstand die allgemeinen Eigenschaften der Körper, des Raumes und der Größe bilden. Der zwischen diesen beiden äußersten Punkten sich dehnende unermeßliche Abstand hat dem höchsten Vernunftwesen anscheinend zu einem Spielfeld mit dem menschlichen Wissensdrang gedient, das einmal mit zahllosen Wolken überzogen wird, um uns dann wieder durch einzelne zeitweilig hervorbrechende Lichtstrahlen anzulocken. Das Weltall könnte so mit gewissen dichterischen Kunstwerken von erhabener Unverständlichkeit verglichen werden, deren Autoren bisweilen von ihrer Höhe bis zur geistigen Ebene ihrer Leser herabsteigen und ihn dabei zu überzeugen versuchen, daß ihm fast alles klar geworden sei. Sind wir einmal in dieses Labyrinth hineingeraten, dann wollen wir froh sein, wenn wir den rechten Weg nicht verlieren! Die für ihn als Anhaltspunkte bestimmten Lichtblitze könnten uns sonst leicht genug nur immer weiter von ihm abbringen.

Übrigens reichen die wenigen sicheren Kenntnisse, mit denen wir rechnen können und die wir, wenn man sich so ausdrücken darf, in die beiden äußersten Winkel des erwähnten Raumes verbannt haben, bei weitem nicht zur Befriedigung all unserer Bedürfnisse aus. Die menschliche Natur, deren Erforschung eine notwendige Aufgabe ist, bleibt für den rein vernunftmäßig arbeitenden Menschen ein undurchdringliches Geheimnis, und die größten Forscher müssen nach langem Vertiefen in diese so wichtige Frage nur zu oft feststellen, daß sie mit ihrem Wissen hier nicht einmal so weit gekommen sind wie alle übrigen Menschen. Das gleiche gilt auch von unserem gegenwärtigen und zukünftigen Dasein, vom Wesen des Schöpfers, dem wir dieses verdanken, und von der Art der Verehrung, die er von uns fordert.

Zu unserer Unterrichtung über eine solche Anzahl verschiedener Fragen ist daher eine geoffenbarte Religion unser dringendstes Bedürfnis. In Ergänzung unserer natürlichen Einsicht zeigt sie uns einen Teil des bisher Verborgenen auf; aber sie geht nicht über das unbedingt notwendige Maß der Erkenntnisse hinaus; alles übrige ist uns verschlossen und wird es offensichtlich auch für alle Zeiten bleiben. Und worauf beschränkt sich die Offenbarungslehre? Auf einige Glaubenswahrheiten und mehrere Vorschriften für unsere Handlungsweise. Und doch urteilt das Volk dank der über die Welt verbreiteten religiösen Erleuchtung tatsächlich über sehr viele wissenswerte Fragen sicherer und entschlossener, als alle philosophischen Sekten es getan haben.

Wesen und Umfang der mathematischen Wissenschaften, die die zweite der oben angegebenen Grenzen darstellen, können uns nicht allzu tief beeindrucken. Der Einfachheit ihres Gegenstandes verdanken sie vor allem ihre sicheren Beweise. Da der behandelte Gegenstand nicht in allen Zweigen der Mathematik von gleicher Einfachheit ist, kann man zugegebenermaßen die eigentliche, auf notwendig wahren und durch sich selbst bewiesenen Grundsätzen ruhende mathematische Gewißheit nicht gleichmäßig in demselben Werte allen diesen Gebieten zuerkennen. Einige unter ihnen stützen sich auf physikalische Grundregeln, d. h. auf experimentelle oder einfach hypothetische Erkenntnisse, und verfügen sozusagen lediglich über eine erfahrungsmäßige oder sogar rein mutmaßliche Gewißheit. Nur die Algebra, die Geometrie und die Mechanik, also die sich mit der Berechnung der Größen und der allgemeinen räumlichen Eigenschaften befassenden Zweige kann man, genaugenommen, als beglaubigt und bewiesen anerkennen. Und bis in die Erkenntnisse unseres Geistes durch diese Wissenschaften lassen sich gewisse Abstufungen oder besser gesagt Abtönungen feststellen. Je ausgedehnter der von ihnen umspannte Gegenstand ist und je allgemeiner und abstrakter seine Behandlung, um so weniger Unklarheiten treten auch in ihren Grundlehren auf; daher ist die Geometrie einfacher als die Mechanik und beide wiederum weniger einfach als die Algebra. Für diejenigen, die sich mit diesen Wissenschaften philosophisch auseinandergesetzt haben, liegt hierin kein Widerspruch, denn gerade die abstraktesten und von der Allgemeinheit als völlig unzugänglich angesehenen Begriffe tragen meist größte Klarheit in sich. Je mehr sinnlich wahrnehmbare Eigenschaften wir aber an einem Körper untersuchen, um so unklarer werden unsere Vorstellungen. Die Verbindung der Idee von Dichtigkeit und räumlicher Ausdehnung scheint uns vor ein weiteres Geheimnis zu stellen; das Wesen der Bewegung ist für die Philosophen ein Rätsel; das metaphysische Prinzip der Stoßgesetze ist ihnen gleichfalls vollständig verborgen; kurz, im gleichen Maße mit der Vertiefung ihrer Idee von der Materie und den Eigenschaften, durch die sich diese verkörpert, wird diese Vorstellung trüber und scheint ihnen schließlich ganz zu entgleiten.

Wir müssen also eingestehen, daß unser Geist nicht in allen mathematischen Erkenntnissen die gleiche Befriedigung findet. Prüfen wir nun darüber hinaus vorurteilslos die Grundlage dieser Kenntnisse. Diese sind dem ersten flüchtigen Überblick nach wirklich sehr zahlreich, vielleicht sogar unübersehbar; bei ihrer philosophischen Zusammenstellung und Sichtung stellt man jedoch fest, daß der Reichtum bei weitem nicht dem ersten Anblick entspricht. Ich meine hier durchaus nicht die geringen Anwendungsmöglichkeiten und die Brauchbarkeit einiger dieser Wahrheiten, die ein recht dürftiger Gegenbeweis wären: Ich spreche von diesen Erkenntnissen an sich. Ist der größte Teil der vielgepriesenen Axiome der Geometrie nicht nur die Bezeichnung einer einzigen grundlegenden Vorstellung durch zwei verschiedene Ausdrücke oder Zeichen? Hat derjenige, der behauptet, daß $2+2=4$ ergibt, dem anderen eine Erkenntnis voraus, der sich mit der Aussage begnügt, daß $2+2=2+2$ ist? Stellen die Ideen vom Ganzen oder vom Teil, vom denkbar Größten oder denkbar Kleinsten genaugenommen nicht ein und dieselbe Begriffsvorstellung dar, da man eine davon nicht ohne gleichzeitiges Vorhandensein aller entwickeln kann? Sehr viele Mißverständnisse gehen auf falsche Anwendung der Begriffe zurück. Einige Philosophen haben das auch erkannt. Vielleicht verdanken wir eben jenem Mißbrauch auch die Axiome. Ich habe keineswegs die Absicht, deren Anwendung völlig zu verurteilen: Mein Hinweis gilt nur ihrem ursprünglichen Zweck, uns die Grundbegriffe durch gewohnheitsmäßigen Gebrauch näherzubringen und den verschiedenen Anwendungsmöglichkeiten besser anzupassen. Ähnliches, wenn auch unter gewissen Einschränkungen, kann man auch von den mathematischen Lehrsätzen sagen. Bei unvoreingenommener Betrachtung bleiben nur einige wenige Grunderkenntnisse bestehen. Bei der Überprüfung einer Reihe voneinander abgeleiteter geometrischer Sätze wird man durch Gegenüberstellung von je zwei einander unmittelbar folgenden Ableitungen bemerken, daß sie alle nur wieder den ursprünglichen Lehrsatz darstellen, der sich allmählich und ganz unbewußt beim Übergang von einer Folgerung zur nächsten abwandelt, ohne jedoch dadurch eine tatsächliche Erweiterung zu erfahren, und lediglich in neuer Form auftritt, gleichsam als wollte man diesen Lehrsatz in einer im Laufe der Zeit unmerklich veränderten Sprache durch mehrere zeitlich aufeinanderfolgende Formulierungen ausdrücken, die die einzelnen Sprachepochen wiedergeben. Jede dieser Entwicklungsstufen würde bei der unmittelbar folgenden noch durchscheinen; ein paar Stufen weiter aber wäre sie trotz ihrer Abhängigkeit von den vorangehenden meist nicht mehr erkennbar, obwohl sie Trägerin und Übermittlerin der gleichen Ideen ist. Das Ineinandergreifen mehrerer geometrischer Erkenntnisse kann demnach als eine Reihe von mehr oder weniger voneinander abweichenden oder verwickelten Formulierungen des gleichen Lehrsatzes und häufig auch der gleichen Hypothese betrachtet werden. Im übrigen bieten diese verschiedenen Formulierungen einen beachtlichen Vorteil bei der vielseitigen Anwendung, die sie uns von dem in ihnen ausgedrückten Lehrsatz gestatten, wobei die Beurteilung dieser Anwendungsmöglichkeiten von ihrer Bedeutung und ihrer Tragweite abhängt. Bei dieser Abschätzung des tatsächlichen Wertes, den die mathematische Formel eines Lehrsatzes aufweist, muß jedoch auch herausgestellt werden, daß sie ihren Wert in sich trägt. Und diese Einsicht bringt uns unsere Verpflichtung den genialen Erfindern gegenüber zum Bewußtsein, die durch Entdeckung irgendeiner dieser grundlegenden und für weitere Forschungen richtunggebenden Wahrheiten die Mathematik im wahrsten Sinne bereichert und ihr Wirkungsgebiet erweitert haben.

Das gleiche gilt auch für die physikalischen Erkenntnisse und für die Eigenschaften der Körper, deren Zusammenhang uns bewußt ist. Aus allen diesen Eigenschaften gewinnen wir, genaugenommen, nur eine einzige Erkenntnis. Die Zusammenhangslosigkeit vieler dieser Eigenschaften in unseren Augen und das Auftreten verschiedenartiger Erkenntnisse sind lediglich die traurige Folge unserer unzureichenden Einsicht; und unser Überfluß in dieser Beziehung ist, um es so auszudrücken, die Folge unserer geistigen Armut. Die elektrischen Körper, an denen man so zahlreiche scheinbar zusammenhanglose Eigenschaften entdeckt hat, sind vielleicht gerade wegen ihrer angeblich genauen Erforschung in gewisser Hinsicht noch am wenigsten bekannt. Ihre durch Reibung entstehende Anziehungskraft auf kleine Körperchen und die andere Kraft, die Lebewesen mit einem heftigen Schlage durchzucken zu können, sind für uns zwei getrennte Dinge, würden aber ineinander verschmelzen, wenn wir bis auf die letzte Ursache zurückgehen könnten. Das Weltall selbst würde durch die Möglichkeit einer umfassenden Betrachtung von einem einzigen Gesichtspunkt aus, wenn man es so ausdrücken darf, zu einer einzigen Tatsache und einer großen Wahrheit.[9]

Die bisher besprochenen verschiedenen Erkenntnisse nützlichen wie angenehmen Charakters, deren Ursprung in unseren Bedürfnissen zu suchen ist, sind jedoch nicht als einzige erstrebenswert. Auch anderen Fragen sind die Menschen nachgegangen, die sich auf die ersteren beziehen und deshalb eine gleichzeitige Behandlung mit ihnen gestatteten. Wir hätten sie daher auch alle gleichzeitig besprochen, wenn nicht eine lückenlose Betrachtung der an den Dingen allgemein vorgenommenen Untersuchungen uns im Rahmen dieser Abhandlung ratsamer erschienen wäre, weil ja diese Allgemeinuntersuchung den Ausgangspunkt bildet, wenn auch weitere Forschungen sich bald damit verbanden. Diese weiteren Untersuchungen fanden etwa in der Reihenfolge statt, die wir nachstehend angeben.

Der von den Menschen bald erkannte Vorteil einer Erweiterung ihres Blickfeldes, die sie sich entweder selbständig oder in Zusammenarbeit mit ihren Mitmenschen verschafften, ließ sie erkennen, daß eine systematische Ordnung der Wege zum Wissen und zum gegenseitigen Gedankenaustausch von Nutzen sein würde. Diese methodische Kunst wurde denn auch gefunden und *Logik* genannt. Durch sie lernen wir die möglichst natürliche Zuordnung der Dinge und deren organische Verknüpfung sowie die Zerlegung derjenigen Ideen, die sich aus zu vielen Einzelvorstellungen zusammensetzen. Wir lernen, alle ihre Erscheinungsformen zu betrachten und sie schließlich den anderen Menschen in möglichst leicht faßlicher Form zugänglich zu machen. Hierin besteht die Lehre von der *Urteilskraft*, die mit Recht als Schlüssel zu unseren gesamten Erkenntnissen gilt, wenn sie auch durchaus keine Vorrangstellung unter den Erkenntnissen einnimmt. Das Urteilsvermögen ist den besonders Begabten von Natur aus verliehen, und man kann wohl behaupten, daß die Bücher über dieses Thema nur für diejenigen in Frage kommen, die sie eigentlich entbehren könnten. Schon sehr viele richtige Schlüsse waren der in Regeln gefaßten Logik vorausgegangen, die dann ihrerseits die Aufhebung der Trugschlüsse oder bisweilen auch nur deren geschickte und trügeriche Bemäntelung lehrte.

Diese sehr wichtige Kunst, die Ideen sinngemäß miteinander zu verbinden und damit leichter von der einen zur anderen überzuleiten, bringt irgendwie die anscheinend verschiedensten Menschen in gewissem Grade einander näher. In der Tat gehen ja alle unsere Erkenntnisse letzten Endes auf die bei allen Menschen gleichen Sinnesempfindungen zurück; und durch die Kunst der Zusammenstellung und Verbindung unmittelbarer Kenntnisse werden diese nicht eigentlich erweitert, sondern nur mehr oder weniger genau eingeordnet und den anderen Menschen mehr oder weniger augenfällig dargestellt.

Zwischen dem Menschen, in dem sich die Vorstellungen ganz leicht verbinden, und dem anderen, der sie mühselig zusammenstellt, besteht kaum ein größerer Unterschied als zwischen einem, der beim ersten Anblick eines Bildes sofort darüber ein Urteil fällen kann, und demjenigen, der erst alle Teile einzeln betrachten muß, um es würdigen zu können: Beide haben beim ersten flüchtigen Blick die gleichen Empfindungen gehabt, die jedoch über den zweiten Betrachter sozusagen hinweggeglitten sind. Hätte man ihn jede dieser sinnlichen Wahrnehmungen in Ruhe länger festhalten lassen, wäre er langsam soweit gekommen wie der andere gleich beim ersten Blick. So wären die verstandesmäßig erworbenen Vorstellungen des einen ebenso wie die unmittelbaren Ideen auch von dem anderen erfaßt worden. Vielleicht kann man daher mit Recht behaupten, daß es kaum eine Wissenschaft oder Kunst gibt, in der man nicht mit aller Strenge und der nötigen Logik auch den Beschränktesten unterrichten könnte; denn in fast allen Zweigen der Kunst und Wissenschaft können die Lehrsätze oder Regeln auf einfachste

Grundbegriffe zurückgeführt und in so lückenloser Anordnung verbunden werden, daß eine unzerreißbare Kette entsteht. Eine langsame geistige Arbeit macht diese Kette einigermaßen notwendig, und die Überlegenheit der großen Denker beruht darauf, dieses Hilfsmittels weniger zu bedürfen als ihre Mitmenschen oder aber es schneller und fast unbewußt zu konstruieren.

Die wissenschaftliche Verbindung der Ideen beschränkt sich nicht auf eine sinnvolle Ordnung der Ideen selbst, sondern sie muß sich bemühen, jede Vorstellung so klar wie möglich zu formulieren und infolgedessen die zu diesem Zweck bestimmten Zeichen zu vervollkommnen: Und das hat der Mensch im Lauf der Zeit auch getan. Die mit der Gesellschaft entstandenen Sprachen waren zweifellos zunächst einfach ein ziemlich merkwürdiges Gemisch von Zeichen aller Art, und naturgemäß hat man anfangs die uns vor die Augen kommenden Gegenstände des täglichen Lebens mit Namen versehen. In dieser nur für den notwendigsten Gebrauch bestimmten Urform müssen die Sprachen, soweit es sich heute beurteilen läßt, sehr unzulänglich, wortarm und kaum festen Regeln unterworfen gewesen sein, und wahrscheinlich hatten die lebensnotwendigen Handwerke und Wissenschaften schon starke Fortschritte gemacht, als die Regeln für Ausdruck und Stil eben erst im Entstehen waren. Der Gedankenaustausch wurde jedoch weder durch das Nichtvorhandensein von Regeln noch durch den Mangel an Ausdrücken beeinträchtigt oder doch nur in dem notwendigen Maße, um jeden einzelnen zur Erweiterung seiner persönlichen Kenntnisse in zäher Arbeit und ohne Rückhalt bei anderen zu zwingen. Eine allzu bequeme Verständigung kann unter Umständen die Kraft erlahmen lassen und ihrer Leistungsfähigkeit schaden. Man braucht nur die erstaunlichen Leistungen der blind oder taubstumm Geborenen anzusehen, um festzustellen, wozu die geistige Spannkraft fähig ist, sobald sie zur Überwindung von Hindernissen angeregt und in Tätigkeit gesetzt wird.

Da ein ungezwungener Gedankenaustausch im Umgang der Menschen miteinander wiederum auch unbestreitbare Vorteile bietet, ist ihr Versuch, diesen Verkehr mehr und mehr zu erleichtern, nicht verwunderlich. Sie begannen daher, die Zeichen in Wörter umzusetzen, weil diese sozusagen die Zeichen verkörpern, die man am leichtesten griffbereit hat. Darüber hinaus hat sich die Reihenfolge der Wortbildung an die Ordnung der Verstandestätigkeit angeglichen: Nach den Einzeldingen erhielten die sinnlich wahrnehmbaren Eigenschaften, die, ohne von sich aus existieren zu können, in diesen Einzeldingen vorhanden und mehreren gemeinsam sind, ihre Namen. Schließlich gelangte man nach und nach zu diesen abstrakten Begriffen, von denen die einen dazu dienen, die Vorstellungen miteinander zu verbinden, andere wiederum, die allgemeinen Eigenschaften der Körper zu bezeichnen, und wieder andere dazu, rein geistige Begriffe auszudrücken. Die Erfindung aller dieser Ausdrücke hat zweifellos noch mehr Zeit in Anspruch genommen als die Kinder brauchen, um sie zu lernen.[10]

Durch Festlegung des Wortgebrauchs in Regeln ist die *Grammatik* entstanden, die sozusagen einen Zweig der Logik darstellt. Im Lichte einer feingeschliffenen und scharfsinnigen Metaphysik stellt die Grammatik die verschiedenen Schattierungen der Ideen heraus, läßt sie durch verschiedene Bezeichnungen deutlich werden und stellt Regeln für die vorteilhafteste Anwendung dieser Zeichen auf. Ihre philosophische Anlage, allen Dingen auf den Grund zu gehen, begründet nicht selten die anscheinend eigensinnige Willkür in der Bevorzugung des einen Zeichens vor dem anderen und gesteht endlich jener nationalen Unart, dem sogenannten Sprachgebrauch, nur ein unerläßliches Maß an Geltung zu.

Gleichzeitig mit dem Gedankenaustausch wollen die Menschen sich nun auch über ihre Leidenschaften aussprechen und gelangen dazu durch die *Beredsamkeit*. Diese spricht das Gefühl an, wogegen Logik und Grammatik verstandesmäßig bedingt waren, und bringt infolgedessen sogar die Vernunft zum Schweigen. Die schon so oft festgestellte erstaunliche Wirkung der Beredsamkeit eines einzelnen auf eine ganze Nation ist wohl der schlagendste Beweis für die Überlegenheit des einen Menschen über den anderen. Merkwürdig, daß man glaubte, eine so seltene Begabung durch Regeln ersetzen zu können. Das käme ja beinahe einer Verwandlung des Genies in Lehrsätze gleich. Derjenige, der erstmalig die Behauptung aufstellte, daß die Beherrschung der technischen Voraussetzung den Redner ausmache, war entweder selbst kein Redner oder aber sehr undankbar gegen die Natur. Nur durch natürliche Veranlagung wird man zum Redner; und um Erfolg zu haben, muß der Redner als erstes Buch die Menschen im allgemeinen studieren, als zweites die großen Vorbilder; und alles, was uns von den großen Schriftstellern an philosophischen Gedanken und Betrachtungen über die rednerische Begabung überkommen ist, läßt es nur schwieriger erscheinen, ihnen gleichzukommen. Zu weitblickend, um sich als Bahnbrecher dieses Berufs auszugeben, wollten sie offensichtlich nur dessen Klippen aufzeigen. Jene alberne Schulmeisterei aber, die man mit dem ehrenvollen Namen »Rhetorik« belehnt hat und die doch diesen Namen nur lächerlich machen könnte und für die Redekunst nicht mehr bedeutet als die Scholastik für die Philosophie, diese Pedanterie hat nur dazu beigetragen, von der Eloquenz ein möglichst falsches und sprachwidriges Bild zu geben. Obwohl diese Irrtümer jetzt allmählich ganz allgemein erkannt werden, lassen sie sich doch noch nicht ganz aus der Stellung verdrängen, die sie seit langem als ein hervorragender Zweig des menschlichen Wissens einnehmen: Aber auch hierfür wird einst der Tag kommen und unserem Urteilsvermögen Ehre machen.

Es genügt uns nun aber nicht, mit unseren Zeitgenossen zu leben und sie zu beherrschen. Wissensdrang und Eigenliebe sowie ein angeborenes Verlangen, Vergangenheit, Gegenwart und Zukunft gleichzeitig zu umfassen, erregen daher in uns den Wunsch nach der Herstellung einer Verbindung zwischen uns und dem Leben unserer Vorfahren und Nachkommen. Hieraus sind Ursprung und Studium der *Geschichte* zu verstehen, die die Menschen vergangener Jahrhunderte mit ihren guten und schlechten Eigenschaften, ihrem Wissen und ihren Fehlern darstellt und uns mit ihnen verbindet, um dann unsere Eigenschaften den kommenden Jahrhunderten zu überliefern. Aus diesen Gründen beurteilt man die Menschen nur nach ihren guten Werken und nicht nach dem glänzenden Aufwand, mit dem sie sich umgeben. Sogar die Herrscher, bedauernswerte Menschen, weil sich alles verschworen hat, ihnen die Wahrheit vorzuenthalten, können sich im vorhinein selbst vor diesem unbestechlichen, unabwendbaren Gericht verurteilen; denn das von der Geschichte über ihre Vorgänger gleicher Wesensart gesprochene Urteil gibt ihnen ein genaues Bild desjenigen, das die Nachwelt einst über sie fällen wird.

Chronologie und *Geographie* sind die beiden Zweige und Stützen der eben besprochenen Wissenschaft: Die erste stellt die Menschen in die Zeit, die zweite verteilt sie über die Erde. Beide werden bestens von der Erdgeschichte und der Himmelskunde, das heißt, von den historischen Tatsachen und den Beobachtungen der Himmelskörper unterstützt; poetisch ausgedrückt – wenn es gestattet ist – könnte man also die Wissenschaften von Zeit und Raum als Töchter der Astronomie und der Geschichte bezeichnen.

Eines der wichtigsten Ergebnisse aus diesem Studium der Weltreiche und ihrer Revolutionen erhalten wir, wenn wir untersuchen, wie die gewissermaßen in mehrere Familien zerfallenen Menschen verschiedene Gesellschaftsverbände bilden, wenn wir das Wachsen verschiedenartiger Regierungsformen in diesen Gesellschaftsverbänden, ihr Bestreben, sich voneinander einmal durch ihre Gesetzgebung und dann durch die Erfindung besonderer Zeichen zur besseren gegenseitigen Verständigung zu unterscheiden, einer genauen Betrachtung unterziehen. Hieraus ist die Verschiedenheit der Sprachen und Gesetze entstanden, die sich leider zu einem unserer umfassendsten Studienfächer entwickelt hat. Hier liegt auch der Ursprung der *Politik*, dieser Sittenlehre besonderen und übergeordneten Charakters, der sich die Grundsätze der bürgerlichen Moral oft nur bei größter Geschmeidigkeit anpassen können und die in die wichtigsten Bereiche der Staatsregierungen dringt, um herauszustellen, was diese stützen, schwächen oder vernichten könnte. Da sie genaue Kenntnis von Völkern und Menschen voraussetzt und eine ausgedehnte und vielseitige Begabung fordert, ist sie vielleicht das schwierigste aller Studiengebiete, vor allem auch, weil der Politiker nie vergessen darf, daß das allen privaten Übereinkommen vorausgehende Naturrecht auch oberstes Gesetz der Völker ist und daß man als Staatsmann nicht aufhören darf, Mensch zu sein.

So haben wir nun alle wesentlichen Zweige jenes menschlichen Wissensgebietes aufgezeigt, das entweder in den unmittelbaren, durch die Sinne vermittelten Vorstellungen selbst besteht oder in der vergleichenden Zusammenstellung dieser Vorstellungen, die allgemein den Namen *Philosophie* trägt. Diese Zweige hatten nun wiederum eine Unterteilung in unendlich viele Nebenzweige zur Folge, deren Aufzählung unabsehbar wäre und sinngemäß eher in die Enzyklopädie selbst als in ihre Vorrede gehört.

Da die Denkarbeit zunächst in der Zusammenstellung und Verbindung der unmittelbar gewonnenen Begriffe bestand, mußten wir in dieser Abhandlung die Denkfähigkeit in erster Linie von dieser Seite her behandeln und die einzelnen Wissenszweige überblicken, die auf ihr beruhen. Aber unser Geist ist nicht nur zur Bildung dieser Begriffe aus der Verbindung ursprünglicher Ideen fähig. Es existiert daneben noch eine andere Art verstandesmäßig erworbener Kenntnisse, von denen jetzt die Rede sein soll. Sie bestehen in den Vorstellungen, die unser Ich selbsttätig durch seine Einbildungskraft erschafft und die den Dingen gleichen, die Gegenstand unserer unmittelbaren Ideen sind: Dies ist die sogenannte *Nachahmung der Natur*, in der Antike weit verbreitet und als erstrebenswertes Ziel empfohlen. Da von allen unmittelbaren Vorstellungen sich diejenigen am besten unserem Gedächtnis einprägen, die uns am stärksten ansprechen, wollen wir vor allem gerade diese durch Nachahmung ihres Inhaltes in uns wachhalten. Wenn angenehme, wirklich existierende Dinge uns auch stärker erregen als eine bloße Darstellung, so kann doch dieser geringere Genuß durch die Freude an der Wiedergabe in gewissem Grade wieder ausgeglichen werden.

Diejenigen Dinge aber, die bei wirklichem Erleben nur traurige oder stürmische Gefühle in uns erregen würden, wirken angenehmer in der nachahmenden Darstellung als in Wirklichkeit, weil ihre bloße Darbietung uns gerade in den Abstand zu ihnen bringt, der uns die Erregung zum Genuß, aber nicht zur inneren Unruhe werden läßt. Auf dieser Imitation der Dinge, die in uns lebhafte oder angenehme Gefühle in irgendeiner Form auszulösen vermögen, beruht im allgemeinen die Nachahmung der schönen Natur, die so viele Autoren beschrieben haben und von der sie uns doch nie eine restlos klare Vorstellung geben konnten, vielleicht, weil die schöne Natur sich nur dem besonders Feinsinnigen erschließt oder aber weil auf diesem Gebiet die Grenzen zwischen Wahrheit und eigenmächtiger Willkür noch nicht endgültig festliegen und der persönlichen Ansicht einigen Spielraum lassen.

Allen auf Nachahmung beruhenden Kenntnissen voran gehören *Malerei* und *Plastik*, weil in ihnen mehr als in allen anderen die Imitation an die wirkliche Gestalt der dargestellten Gegenstände herankommt und unsere Sinne unmittelbar anspricht. Auch jene aus dem Bedürfnis entstandene und im Luxus zur Vollkommenheit gebrachte Kunst der *Architektur* kann man hier anfügen, die sich stufenweise von der Strohhütte zum Palastbau entwickelt hat und in philosophischer Sicht sozusagen nur eine schmuckreiche Verkleidung eines unserer stärksten Bedürfnisse ist. Die Nachahmung der schönen Natur ist hier weniger in die Augen fallend und enger begrenzt als in den beiden anderen erwähnten Kunstarten, die unterschiedslos und ohne Einschränkung alle Seiten der schönen Natur wiedergeben und sie in ihrem wirklichen Wesen, eintönig oder abwechslungsreich, darstellen. Die Baukunst jedoch beschränkt durch bestimmte Zusammenstellungen und Verbindungen der verschiedenen verarbeiteten Baustoffe ihr Nachschaffen auf die symmetrische Anordnung, die von der Natur in jedem einzelnen Gegenstand ihrer Schöpfung mehr oder weniger deutlich erkennbar eingehalten wurde und die zu der schönen Mannigfaltigkeit des Ganzen einen so reizvollen Gegensatz bildet.

Die *Dichtkunst*, die anschließend an die Malerei und Plastik zu nennen ist und zur Nachahmung nur harmonisch und wohlklingend angeordnete Worte verwendet, spricht mehr zu unserer Vorstellungskraft als zu unseren Sinnen. Lebendig und ergreifend stellt sie ihr die Dinge dar, die unsere Welt ausmachen, und weiß ihnen soviel Wärme, Bewegung und Leben zu geben, daß sie sie nicht zu malen, sondern zu erschaffen scheint. Die *Musik* nimmt mit ihrer gleichzeitigen Wendung zu der Phantasie und den Sinnen die letzte Stelle in der Reihe der nachschaffenden Künste ein; denn wenn auch die Nachahmung der von ihr zur Wiedergabe vorgesehenen Themen durchaus gelingt, scheint sie doch bis heute auf eine kleinere Anzahl von Vorbildern angewiesen zu sein; was weniger ihrer Natur zuzuschreiben ist als dem Mangel an Einbildungskraft und Fähigkeiten bei den meisten, die sich ihrer Ausübung widmen. Es ist nicht unnütz, sich darüber einige Gedanken zu machen. Die Musik, ursprünglich vielleicht nur zur Wiedergabe von Geräuschen bestimmt, ist allmählich zu einer Art Vortrag, ja zu einer Sprache geworden, in der die einzelnen seelischen Regungen oder vielmehr ihre verschiedenen Leidenschaften ihren Ausdruck finden. Aber wozu diesen Ausdruck auf die Leidenschaften beschränken und ihn nicht im größtmöglichen Ausmaß, ja sogar auch auf die Sinnesempfindungen ausdehnen? Wenn auch die Eindrücke, die uns die einzelnen Sinnesempfindungen vermitteln, untereinander so verschieden sind wie ihr Ausgangspunkt selbst, kann man sie doch andererseits unter einem gemeinsamen Gesichtspunkt vergleichen, nämlich nach dem Lust- oder Unlustgefühl, in das sie unser Gemüt versetzen. Ein schreckenerregender Gegenstand oder ein furchtbares Geräusch rufen beide in uns eine Erregung hervor, deren verschiedene Ursachen bis zu einem gewissen Grade miteinander verschmelzen und von uns dann nur mit einem Namen oder mit sinnverwandten Wörtern für beide Fälle bezeichnet werden. Ich finde es daher durchaus einleuchtend, daß ein Musiker zur Schilderung eines furchterregenden Vorganges erfolgreich in der Natur nach einem entsprechenden Geräusch sucht, das in uns einen ganz ähnlichen Eindruck hervorruft wie jenes Ereignis selbst. Das gleiche gilt auch für die angenehmen Sinneseindrücke. Eine andersartige Auffassung würde eine zu enge Begrenzung der Kunst und auch unseres Genusses bedeuten. Ich gebe zu, daß eine derartige Tonmalerei ein feinfühliges und eingehendes Studium der Schattierungen verlangt, die für unsere Sinnesempfindungen so charakteristisch sind, und es ist keinesfalls zu erwarten, daß diese Abtönungen sich einer Durchschnittsbegabung offenbaren. Das Genie erfaßt sie, ein Mensch mit Geschmack fühlt sie, ein solcher mit Geist stellt ihr Vorhandensein fest, aber der breiten Menge bleiben sie verschlossen. Jede Musik, die nichts schildert, bleibt einfach Geräusch und würde ohne die alles verändernde Macht der Gewohnheit kaum mehr Vergnügen machen als eine Folge harmonischer und klangvoller Worte ohne Ordnung und Sinn. Ein auf umfassende Darstellung bedachter Komponist würde uns zwar verschiedentlich Bilder voller Harmonie vorführen, die für grobe Ohren nicht geeignet wären; aber daraus kann man nur schließen, daß neben der Kunst, Musik zu schaffen, auch die Gehörbildung betrieben werden müßte.

Wir beenden nun die Aufzählung unserer wichtigsten Kenntnisse. Ein Gesamtüberblick und die Suche nach allgemeinen unterscheidenden Gesichtspunkten läßt uns feststellen, daß die einen rein praktische Kenntnisse sind, deren Zweck die Verfertigung von irgend etwas ist, andere sich lediglich auf die geisteswissenschaftliche Untersuchung ihres Gegenstandes und auf die Betrachtung seiner Eigenschaften beschränken und daß wieder andere schließlich aus der theoretischen Beschäftigung mit ihrem Gegenstand deren praktischen Nutzen zu ziehen versuchen. *Theorie* und *Praxis* stellen den wesentlichsten Unterschied zwischen Wissenschaften und Kunst dar, und dieser begrifflichen Unterscheidung ist man allgemein bei der Bezeichnung der einzelnen Kenntnisse mit dem einen oder dem anderen Namen gefolgt. Allerdings muß zugegeben werden, daß unsere Begriffe in diesem Punkt noch nicht endgültig festgelegt sind. Bei einem großen Teil der Kenntnisse, die Theorie und Praxis in sich vereinen, ist man sich über die Namensgebung oft genug im unklaren, und ein täglicher Schulstreit ist z. B. die Frage, ob die Logik eine Kunst oder eine Wissenschaft sei; mit der Antwort, daß sie beides zugleich ist, hätte man dieses Problem jedoch schnell gelöst. Wieviel Fragen und Mühe könnte man doch bei eindeutiger und treffender Festlegung der Wortbedeutung vermeiden!

Als *Kunst* kann man durchschnittlich jedes System von Kenntnissen bezeichnen, das sich auf begründete, feste und von willkürlicher und persönlicher Stellungnahme unbeeinflußte Regeln aufbaut, und in diesem Sinne dürften mehrere unserer Wissenschaften, wenn man sie von ihrer praktischen Seite her betrachtet, als Künste zu bezeichnen sein. Aber ebenso wie die seelische oder geistige Arbeit folgt auch die körperliche Tätigkeit, die auf die Dinge der Außenwelt beschränkt ist und infolgedessen mit den bloßen Händen verrichtet werden kann, festen Regeln. So ergab sich die Einteilung in freie und mechanische Künste und auch der Vorrang, den die ersteren vor den letzteren genießen. Diese Bevorzugung ist zweifellos in mehr als einer Beziehung ungerechtfertigt. Indessen ist keines dieser an sich vielleicht lächerlichen Vorurteile unbegründet oder, besser ausgedrückt, ohne bestimmte Ursache; und wenn die Philosophie auch selten genug diese Mißverständnisse richtigzustellen vermag, kann sie doch immerhin deren Ursprung aufdecken. Da die körperliche Überlegenheit die Hauptursache zur Aufhebung der Gleichberechtigung aller Menschen bildete, verbanden sich die Schwächeren, die stets in der Mehrheit sind, um diese Überlegenheit zu vernichten. Sie stellten also mit Hilfe der Gesetze und verschiedener Regierungsformen eine vertragsmäßig gesicherte Ungleichheit her, deren Grundlage nun nicht mehr die Körperkraft ist. Nach Festlegung dieser neuen Ungleichheit einigten sich zwar die Menschen, der Vernunft gehorchend, um sie zu erhalten, begehrten aber heimlich doch unablässig in ihrer durch nichts zu brechenden Herrschsucht gegen sie auf. In einer neuen Ungleichheit weniger willkürlichen Charakters suchten sie jetzt also eine Art Ausgleich; und da die durch Gesetze gebundene körperliche Überlegenheit keinerlei Vorrecht mehr bot, begnügten sie sich nun damit, im Unterschied der geistigen Kräfte ein neues Prinzip der Ungleichheit gefunden zu haben, das ebenso den natürlichen Anlagen entspräche, aber friedlicher und von Vorteil für die Gesellschaft war. So hat der vornehmste Teil unseres Ich gewissermaßen Rache genommen an den Vorteilen, die die roheste Seite unseres Wesens sich ursprünglich verschafft hatte, und die Überlegenheit der geistigen Gaben über die körperlichen hat allgemeine Anerkennung gefunden. Die von der Handarbeit abhängigen und, wenn man so sagen darf, einer gewissen Routine unterworfenen mechanischen Künste überließ man denjenigen Menschen, die von den Vorurteilen in die unterste Klasse verwiesen wurden. Die zwingende Not war für diese Menschen weit häufiger die Triebfeder zu einer solchen Arbeit als Neigung oder Begabung und wurde schließlich noch die Veranlassung, sie geringzuschätzen; solchen Schaden fügt die Not allem zu, was mit ihr in Berührung kommt. Die freie Geistesarbeit hingegen behielten sich diejenigen vor, die sich in diesem Punkte für Schoßkinder der Natur hielten.[11] Der Vorteil, den die freien Künste infolge der erforderlichen Geistesarbeit und der Schwierigkeit, in ihnen Hervorragendes zu leisten, vor den Handwerken haben, wird hinreichend durch den erheblich größeren Nutzen ausgeglichen, den die letzteren in den meisten Fällen verschaffen. Eben dieser geldliche Vorteil war die zwingende Veranlassung zur Beschränkung auf rein mechanische Handreichungen gewesen, um ihre Handhabung der großen Menge möglichst leicht zu machen. Die Gesellschaft darf indessen bei aller berechtigten Verehrung der großen Geister, durch die sie zu klarem Wissen gelangt, keinesfalls die Hände geringschätzen, die ihr Dienste leisten. Die Erfindung des Kompasses hat der Menschheit ebensolchen Nutzen gebracht, wie die Erklärung der Eigenschaften dieser Nadel der Physik bringen würde. Und schließlich, um das erwähnte Unterscheidungsprinzip an sich zu betrachten, bei wie vielen sogenannten Wissenschaften ist die Gelehrsamkeit doch eigentlich nur ein mechanisches Handwerk! Besteht denn wirklich ein Unterschied zwischen einem Kopf voller ungeordneter, nutzloser und zusammenhangloser Tatsachen und dem Instinkt eines Handwerkers, der sich auf rein mechanische Arbeit beschränkt?

Die Geringschätzung für das Handwerk scheint sich bis zu einem gewissen Grade sogar auf seine Erfinder ausgedehnt zu haben. Fast alle Namen dieser Wohltäter der Menschheit sind unbekannt, während die Geschichte seiner Zerstörer – das soll heißen, der Eroberer –

allen geläufig ist. Vielleicht wird man jedoch gerade bei den Handwerkern die hervorragendsten Beweise für den Scharfsinn, die Ausdauer und die geistigen Reserven finden. Es ist mir bewußt, daß die meisten Handwerke nur in allmählicher Entwicklung entstanden sind und daß es einer ganzen Reihe von Jahrhunderten bedurfte, um beispielsweise die Uhr auf den heutigen Stand der Vollkommenheit zu bringen. Gilt das gleiche nicht auch für die Wissenschaften? Sind nicht sehr viele Erfindungen, deren Urheber unsterblich geworden sind, durch jahrhundertelange Arbeit vorbereitet und dem Augenblick der Reife nähergebracht worden, so daß nur noch der letzte Schritt getan zu werden brauchte? Aber um wieder auf die Uhrmacherkunst zurückzukommen: Warum genießen die Handwerker, denen wir die Spindel, die Hemmung und das Schlagwerk der Uhr zu verdanken haben, nicht die gleiche Hochachtung wie diejenigen, deren Lebenswerk der Vervollkommnung der Algebra gewidmet war? Übrigens gibt es, dem Urteil einiger Philosophen nach, die sich in ihren wissenschaftlichen Studien des Handwerks nicht durch dessen allgemeine Geringschätzung beirren ließen, gewisse Maschinen so verwickelter Konstruktion, deren Teile so geschickt ineinander übergreifen, daß sie aller Wahrscheinlichkeit nach ein einzelner Mensch erfunden haben muß. Hätte dieses hervorragende Genie, dessen Name längst vergessen ist, nicht unbedingt neben die wenigen schöpferischen Gestalter gehört, die unserer Wissenschaft neue Wege gewiesen haben?[12]

Unter den auf Prinzipien zurückgeführten freien Künsten führen diejenigen den Namen *»schöne Künste«*, deren Ziel die Nachahmung der Natur ist und die in erster Linie dazu dienen, Freude zu bereiten. Aber sie unterscheiden sich nicht nur in dieser Beziehung von den an sich notwendigeren oder nutzbringenderen freien Künsten wie Grammatik, Logik und Moral. Die letzteren haben feste und unveränderliche Regeln, die ohne weiteres jeder vom anderen übernehmen kann. Die Ausübung der schönen Künste dagegen beruht vor allem auf der nur dem inneren Gesetz des Genies verpflichteten Eingebung. Die geschriebenen Regeln dieser Künste berühren nur deren mechanische Seite und erfüllen etwa den Zweck eines Fernrohres: Sie sind nur für denjenigen von Nutzen, der sehen kann.

Aus allen unseren bisherigen Ausführungen geht hervor, daß die verschiedenen geistigen Arbeitsmethoden bei der Behandlung der

Dinge und die vielseitige Nutzanwendung der Dinge selbst für uns die erste sich bietende Möglichkeit einer ganz allgemeinen Unterscheidung unserer Kenntnisse voneinander darstellen. Sie alle beziehen sich auf unsere Bedürfnisse; teils entsprangen sie einer zwingenden Notwendigkeit, dann wieder dem Streben nach Bequemlichkeit oder Zerstreuung und schließlich einfach der Gewohnheit oder der Laune eines Augenblicks. Sind die Bedürfnisse fernerliegend oder schwerer zu befriedigen, dann entwickeln sich auch die dafür in Frage kommenden Kenntnisse entsprechend später. Welche Fortschritte hätte die Medizin auf Kosten der reinen Geisteswissenschaften zu verzeichnen, wenn sie so zuverlässig wäre wie die Mathematik! In der Art des Auftretens unserer Kenntnisse und in ihrer verschiedenen Wertung durch unseren Verstand liegen jedoch noch weitere stark ausgeprägte Merkmale. Diese Werturteile werden mit den Namen *Evidenz, Gewißheit, Wahrscheinlichkeit, Gefühl* und *Geschmack* bezeichnet.

Die *Evidenz* wird denjenigen Vorstellungen zuerkannt, deren Verbundenheit der Verstand sofort feststellt, die *Gewißheit* dagegen jenen Ideen, die ihre Verknüpfung durch die Heranziehung einer gewissen Anzahl von Zwischenvorstellungen erkennen lassen oder, was dasselbe bedeutet, denjenigen Lehrsätzen, deren völlige Übereinstimmung mit einem von Haus aus evidenten Prinzip sich nur auf mehr oder weniger langen Umwegen herausstellt. Daraus geht hervor, daß je nach der geistigen Veranlagung dem einen evident erscheint, was ein anderer oft nur als gewiß ansieht. Die Begriffe »Evidenz« und »Gewißheit« könnte man auch in anderem Sinne auffassen und die erstere als Ergebnis rein spekulativer Betrachtungen auf metaphysische und mathematische Theorien beziehen, die Gewißheit dagegen eher auf die physischen Dinge anwenden, deren Kenntnis das Ergebnis der ständigen und unwandelbaren Zusammenarbeit unserer Sinne darstellt. Die *Wahrscheinlichkeit* spielt hauptsächlich bei geschichtlichen Tatsachen und bei allen vergangenen, gegenwärtigen und zukünftigen Ereignissen eine Rolle, die wir in Unkenntnis ihrer Hintergründe irgendeinem Zufall zuschreiben. Der mit der Gegenwart und der Vergangenheit beschäftigte Teil dieses Wissenszweiges erweckt in uns trotz seiner schwachen Grundlage, die nur aus einfachen Zeugenaussagen besteht, eine ebenso feste Überzeugung, wie wir sie aus den Axiomen gewinnen.

Vom *Gefühl* gibt es zweierlei Arten. Das eine erstreckt sich auf moralische Wahrheiten und heißt *Gewissen*; es ist eine Folgeerscheinung des Naturrechts und unserer Vorstellungen von Gut und Böse. Man könnte es als Evidenz des Herzens bezeichnen, weil es trotz aller Gegensätze zur geistigen, auf theoretische Erkenntnisse gerichteten Evidenz eine ähnliche zwingende Gewalt auf uns ausübt. Die andere Seite des Gefühls ist vor allem an die Nachahmung der Natur und an alles, was der Schönheit zum Ausdruck verhilft, gebunden. Mit starker Freude erfaßt es erhabene und sinnfällige Schönheiten, findet mit feinem Gespür die versteckten und lehnt ab, was nur den äußeren Anschein der Schönheit trägt. Oft sogar urteilt es hart, ohne sich dabei um eine Angabe von Gründen zu kümmern, da diese Gründe auf vielen Eindrücken beruhen, die für eine sofortige Darlegung oder gar für eine Erklärung an die Umwelt zu verwickelt sind. Dieser Seite des Gefühls verdanken wir den *Geschmack* und das *Genie*, wobei dem Genie die schöpferische Eingebung, dem Geschmack dagegen die urteilende Rolle zukommt.

Nach den ausführlichen Betrachtungen über die verschiedenen Zweige unseres Wissens und deren unterscheidende Merkmale bleibt uns nur noch die Aufgabe, einen Stammbaum oder eine Gesamtübersicht aufzustellen, die alle unter einen gemeinsamen Gesichtspunkt bringt und zur Feststellung ihres Ursprunges und ihres Zusammenhanges dient. Die mit diesem Stammbaum bezweckte Absicht können wir sofort erklären, seine Aufstellung jedoch ist nicht einfach. Zwar wird durch die soeben über den Ursprung unserer Vorstellungen abgegebene historisch-philosophische Betrachtung unsere Aufgabe wesentlich erleichtert, aber das berechtigt nicht zu der Annahme, daß der enzyklopädische Stammbaum an diese geschichtliche Darstellung bedingungslos gebunden sein muß oder kann. Das allgemeine System der Wissenschaften und Künste ist wie ein Labyrinth, wie ein Weg mit vielen Windungen, den der Verstand beschreitet, ohne zu wissen, in welcher Richtung er sich halten muß. Unter dem Druck seiner eigenen Bedürfnisse und derjenigen des Körpers, zu dem er ja gehört, beschäftigt er sich zunächst mit den erstbesten sich bietenden Gegenständen und dringt mit seiner Forschung möglichst tief in sie ein, wird bald von auftretenden Schwierigkeiten gehemmt und schlägt nun aus Hoffnung oder Verzweiflung an seinem Siege einen neuen Weg ein. Bald kehrt er jedoch um, überschreitet bisweilen die alten Hindernisse, um wieder auf neue zu stoßen, und beim jähen Übergang von einem Gegenstand zum anderen macht er über jeden in unregelmäßigen Abständen und beinahe stoßweise eine Reihe von Beobachtungen, deren Zusammenhanglosigkeit eine zwangsläufige Folge des Zustandekommens seiner Vorstellungen ist. Diese Regellosigkeit würde jedoch bei aller geistig-philosophischen Sicht eine Darstellung in einer enzyklopädischen Gesamtübersicht verzerren oder völlig unmöglich machen.

Wie wir schon bei unserer Betrachtung über die Logik zu verstehen gaben, nehmen übrigens die meisten der als Ausgangspunkt und Grundlage für alle anderen angesehenen und deshalb an die erste Stelle einer enzyklopädischen Ordnung gehörenden Wissenschaften durchaus nicht diesen ersten Platz in einer entstehungsgeschichtlichen Anordnung ein, weil sie zeitlich nicht zu den ersten Erfindungen zählen. Tatsächlich haben unsere ersten Untersuchungen den Einzeldingen gegolten. Erst im Anschluß an die Betrachtung ihrer charakteristischen und greifbaren Eigenschaften haben wir durch Abstraktion ihre allgemeinen und gemeinsamen Kennzeichen untersucht und so die *Metaphysik* und die *Mathematik* geschaffen. Erst nach langjähriger Anwendung der primitiven Zeichen haben wir auch diese Zeichengebung so vervollkommnet, daß sie zu einer Wissenschaft werden konnte; und erst nach langwieriger geistiger Arbeit an den Inhalten unserer Ideen haben wir schließlich auf Grund verstandesmäßiger Überlegungen diese Denkarbeit selbst in Regeln gefaßt.

Das System unserer Kenntnisse endlich setzt sich aus verschiedenen Wissenszweigen zusammen, die teilweise einen gemeinsamen Berührungspunkt aufweisen; und da man von diesem Punkte aus nicht auf allen Wegen gleichzeitig weiterarbeiten kann, ist die Entscheidung der geistigen Veranlagung des einzelnen überlassen. Sehr selten werden daher von einem Denker viele Wege gleichzeitig beschritten. Im Studium der Natur allerdings haben zunächst alle Menschen ausnahmslos wie auf Verabredung die dringendsten Bedürfnisse zu befriedigen versucht; als sie jedoch zu den nicht unbedingt lebensnotwendigen Erkenntnissen vorrückten, mußten sie ihre Arbeitsgebiete aufteilen und nun getrennt mit ungefähr gleicher Geschwindigkeit weiterarbeiten. So sind mehrere Wissenschaften sozusagen Zeitgenossen geworden. In einer historischen Betrachtung der geistigen Entwicklung kann man sie indessen nur nacheinander behandeln.

Bei der enzyklopädischen Zusammenstellung unseres Wissens liegt der Fall jedoch anders. Der Zweck dieser Ordnung besteht in einer Aufstellung in möglichst begrenztem Raum, und der Philosoph soll gewissermaßen über diesem Labyrinth stehen und von einem überlegenen Standpunkt aus gleichzeitig die hauptsächlichen Künste und Wissenschaften erfassen können; er soll die Gegenstände seiner theoretischen Erwägungen und die mögliche Arbeit an diesen Gegenständen mit einem schnellen Blick übersehen; er soll die allgemeinen Zweige des menschlichen Wissens mit ihren charakteristischen Unterschieden oder ihren Gemeinsamkeiten herausstellen und gelegentlich sogar die unsichtbaren Wege aufzeigen, die von dem einen zum anderen führen. Man könnte an eine Art Weltkarte denken, auf der die wichtigsten Länder, ihre Lage und ihre Abhängigkeit voneinander sowie die Verbindung zwischen ihnen in Luftlinie verzeichnet sind; diese Verbindung wird immer wieder durch unzählige Hindernisse unterbrochen, die nur den Bewohnern oder Reisenden des in Frage kommenden Landes bekannt sind und nur auf bestimmten Spezialkarten verzeichnet werden können. Solche Spezialkarten stellen nun die verschiedenen Artikel der Enzyklopädie dar, und der Stammbaum oder die Gesamtübersicht wäre dann die Weltkarte.

Ähnlich wie auf den allgemeinen Karten unserer Weltkugel die Gegenstände entsprechend zusammengerückt erscheinen und je nach dem Gesichtswinkel, den das Auge infolge der Kartenzeichnung des Geographen einnimmt, ein verändertes Bild zeigen, so wird die Gestalt der Enzyklopädie von dem Standpunkt abhängen, den man bei der Betrachtung des gesamten Bildungswesens zu vertreten gedenkt. Man könnte sich demnach ebensoviele wissenschaftliche Systeme denken wie Weltkarten verschiedenen Blickwinkels, wobei jedes dieser Systeme einen besonderen, ausschließlichen Vorteil den anderen gegenüber aufzuweisen hätte. Kaum einer unter den Gelehrten rückt ungern diejenige Wissenschaft in den Vordergrund, der er sich gerade widmet, etwa wie die ersten Menschen in der Überzeugung, die Erde sei für sie geschaffen, sich als Mittelpunkt der Welt fühlten. Dabei würde der Anspruch einiger dieser Wissenschaften sich bei philosophischer Betrachtungsweise außer durch Eigenliebe vielleicht noch durch andere gute Gründe rechtfertigen lassen.

Jedenfalls würde aber diejenige enzyklopädische Übersicht den Vorzug vor allen anderen verdienen, die in der Lage wäre, die mannigfaltigsten Verbindungspunkte und Beziehungen zwischen den einzelnen Wissenschaften aufzuzeigen. Aber dürfen wir uns rühmen, die richtige Form gefunden zu haben? Wir können nicht oft genug wiederholen, daß die Natur sich nur aus Einzeldingen zusammensetzt, die den ursprünglichen Gegenstand unserer Empfindungen und unmittelbaren Wahrnehmungen darstellen. Zwar bemerken wir an diesen Einzeldingen gemeinsame Eigenschaften, die einen Vergleich zwischen ihnen möglich machen, und Verschiedenheiten, die sie voneinander abheben, und die Eigenschaften mit abstrakten Benennungen haben zur Bildung der einzelnen Klassen geführt, denen diese Gegenstände zugeordnet sind. Aber oft greift ein Gegenstand, der infolge einer oder mehrerer Eigenschaften der einen Kategorie zugesprochen wurde, durch andere Qualitäten in eine andere über und könnte durchaus ebenso dorthin gehören. Die allgemeine Einteilung ist also zwangsläufig nicht frei von Willkür. Die natürlichste Anordnung der Dinge wäre ihre Aneinanderreihung im Sinne der Abschattungen, die gleichzeitig unterscheidend und verbindend wirken. Aber die wenigen uns vertrauten Körper gestatten uns keine genaue Angabe dieser Abschattungen. Das Weltall ist wie ein großer Ozean, auf dessen Oberfläche wir einige größere oder kleinere Inseln bemerken, deren Zusammenhang mit dem Festland uns verborgen bleibt.

Die Aufstellung unserer Kenntnisse wäre auch durch eine Einteilung in natürliche und geoffenbarte, in nützliche und angenehme, in theoretische und praktische, in evidente, gewisse, wahrscheinliche und gefühlsmäßige, in begriffliche und sprachliche Erkenntnisse möglich und ließe sich ins Endlose fortsetzen. Wir haben nun eine Aufteilung gewählt, die unserer Meinung nach die enzyklopädische Ordnung unseres Wissens und seine zeitliche Entstehung gleichzeitig in hohem Maße berücksichtigt. Diese Einteilung verdanken wir einem berühmten Philosophen, über den wir im Laufe unserer Abhandlung noch sprechen werden. Einige Abänderungen haben wir jedoch für notwendig gehalten und werden diese auch begründen.

Aber wir sind uns der in einer solchen Aufstellung stets herrschenden Willkür zu stark bewußt, um unser System für das einzig mögliche oder beste zu halten; es wird uns hinreichend befriedigen, wenn unsere Arbeit von verständigem Urteil nicht verworfen wird. Wir wollen durchaus nicht den vielen Naturforschern gleichgestellt werden, die ein moderner Philosoph[13] mit gutem Recht getadelt hat und die bei ihrem unablässigen Bemühen, die Werke der Natur in Gattungen und Arten einzuteilen, sehr viel Zeit verschwendet haben, die für das Studium dieser Erzeugnisse selbst wesentlich vorteilhafter angewandt worden wäre. Was würde man denn von einem Architekten halten, der ein Riesengebäude zu errichten hätte und lebenslänglich an der Zeichnung dazu sitzen wollte? Oder von einem Neugierigen, der einen großen Palast besichtigen wollte und seine ganze Zeit mit der Betrachtung des Eingangstores verbrächte?

Die Dinge, mit denen unser Inneres sich befaßt, sind geistiger oder materieller Natur, und unsere Beschäftigung mit ihnen geschieht durch unmittelbare oder verstandesmäßig erworbene Vorstellungen. Eine Anordnung der unmittelbaren Kenntnisse kann nur in deren rein passiver und sozusagen mechanischer Anhäufung bestehen, und diese nennen wir dann Gedächtnis. Wir stellten bereits fest, daß sich das Denken auf zweierlei Art äußert: im zusammenfassenden Urteil über die Inhalte der unmittelbaren Vorstellungen oder in ihrer Nachahmung. So bilden also das *Gedächtnis*, die *Vernunft* im eigentlichen Sinne und die *Vorstellungskraft* die drei verschiedenen Möglichkeiten für unseren Geist, seine Gedankeninhalte zu verarbeiten. In der Vorstellungskraft sehen wir hier nicht die Gabe zur bildlichen Vorstellung der Dinge, denn eine solche Fähigkeit wäre lediglich ein Erinnern an die wahrnehmbaren Gegenstände, das ohne die helfende Erfindung von Zeichen sich in ständiger Arbeit befände. Wir verstehen die Vorstellungskraft in höherem und zutreffenderem Sinn als nachschaffende Begabung.

Diese drei Fähigkeiten bilden zunächst die drei Hauptteile unseres Systems und die drei Hauptgebiete des menschlichen Wissens: die Geschichte auf der Grundlage des Gedächtnisses, die Philosophie als Ergebnis der Vernunftarbeit und die schönen Künste als Gebilde der Vorstellungskraft. Die Überordnung der Vernunft über die Vorstellungskraft ist unserer Meinung nach wohl berechtigt und entspricht dem Fortschritt der Geistesarbeit. Das Vorstellungsvermögen ist eine schöpferische Kraft; und der Geist beginnt vor dem Gedanken an eigenes Schaffen zunächst über das, was er sieht und kennt, nachzudenken. Noch ein anderer Grund bestimmt uns zur Voranstellung der Vernunft vor die Vorstellungskraft: In dieser seelischen Fähigkeit finden sich die beiden anderen bis zu einem gewissen Grade vereint, und Vernunft und Gedächtnis treffen in ihr zusammen. Nur dann bildet und empfindet der Geist Dinge, wenn sie denen ähneln, die ihm durch unmittelbare Vorstellungen und Sinneseindrücke vertraut gemacht worden sind. Bei wachsender Entfernung von diesen Vorbildern werden seine Schöpfungen immer merkwürdiger und unerfreulicher. So ist also die Erfindungsgabe auch in der Nachahmung der Natur gewissen Regeln unterworfen, und eben diese Regeln machen die philosophische Seite der schönen Künste aus, wenn diese auch bis heute ziemlich dürftig aussieht, weil nur ein Genie sie schaffen könnte und dieses lieber schöpferisch wirkt als sich in theoretische Erörterungen einläßt.

Eine Untersuchung der Fortschritte der Vernunfteinwirkung im Laufe der Zeit überzeugt uns davon, daß sie in der Rangordnung unserer seelischen Fähigkeiten vor der Einbildungskraft stehen muß, da die Vernunft in ihrer letzten Auswirkung auf die Dinge zur Vorstellungskraft überleitet: denn diese Wirkung besteht sozusagen nur in der Erschaffung allgemeiner Wesenheiten, die durch Abstraktion von ihrem Gegenstand getrennt werden und damit nicht mehr in den unmittelbaren Bereich unserer Sinne gehören. Unter allen der Vernunft zugeordneten Wissenschaften sind also Metaphysik und Geometrie diejenigen, an denen die Vorstellungskraft in höchstem Grade beteiligt ist. Die Schöngeister mit ihrer Geringschätzung der Mathematik mögen meine Äußerung verzeihen: sie haben ihre so nahe Verwandtschaft mit dieser Wissenschaft zweifellos nicht vermutet, und doch liegt nur die Metaphysik trennend zwischen ihnen. Die Vorstellungskraft arbeitet in einem schöpferischen Mathematiker nicht weniger stark als in einem schaffenden Dichter. Selbstverständlich ist beider Arbeit an ihrem Gegenstand verschiedenartig; der eine zerlegt und zergliedert, der andere baut auf und verschönt. Außerdem sind natürlich diese verschiedenen Arbeitsweisen der jeweiligen geistigen Veranlagung zuzuschreiben, und daher wird man eine große mathematische Begabung und dichterische Größe vielleicht nie beisammen finden. Aber mögen sie einander nun ausschließen oder nicht; ein Recht zu gegenseitiger Verachtung steht ihnen keinesfalls zu. Vielleicht gebührt Archimedes mit größerer Berechtigung als allen großen Männern des Altertums der Platz neben Homer. Ich hoffe, man wird diese Abschweifung einem Mathematiker verzeihen, der sein Fach liebt, ohne jedoch in seiner Bewunderung sich der Übertreibung schuldig zu fühlen, und kehre nun zum Thema zurück.

Die allgemeine Einteilung in Dinge geistiger und körperlicher Natur regt zur Unterteilung in drei Hauptzweige an: *Geschichte* und *Philosophie* befassen sich gleichmäßig mit beiden Arten, während die *Vorstellungskraft* nur gemäß den rein materiellen Dingen arbeitet – ein weiterer Grund, ihr in der Rangordnung unserer geistigen Fähigkeiten den letzten Platz zuzuweisen. Über allen geistigen Wesen steht *Gott*, dem seinem Wesen nach und entsprechend unserem Bedürfnis, ihn zu erkennen, der erste Platz gebührt. Unter diesem Allerhöchsten Wesen stehen die erschaffenen Geister, von deren Existenz uns die Offenbarung berichtet. Dann kommt der Mensch, der entsprechend seiner Zwiespältigkeit durch seine Seele zur geistigen und durch seinen Körper zur materiellen Welt gehört; und dann schließt sich das weite Universum an, das wir als Körperwelt oder *Natur* bezeichnen. Es ist uns nicht bekannt, weshalb der uns bei dieser Aufstellung als Vorbild dienende berühmte Autor[14] die Natur in seinem System vor dem Menschen eingereiht hat, denn ganz im Gegenteil scheint alles auf die Stellung des Menschen an der Schwelle hinzuweisen, die Gott und die geistige Welt von der körperlichen trennt.

Die Geschichte umfaßt im Rahmen ihrer Beschäftigung mit Gott die *Offenbarung* oder die *Überlieferung* und folgt nach diesen beiden Gesichtspunkten einer Einteilung in biblische und Kirchengeschichte. Die Menschheitsgeschichte hat die Handlungen oder aber die Erkenntnisse des Menschen zum Gegenstand und ist infolgedessen politische oder Kulturgeschichte; sie zerfällt also in Geschichte der großen Nationen und der großen Persönlichkeiten, der Könige und Gelehrten, der Eroberer und der Philosophen. Die Naturgeschichte endlich behandelt die zahllosen täglich zu beobachtenden Werke der Natur und entwickelt eine diesen vielfältigen Werken zahlenmäßig fast gleichkommende Zahl von Abzweigungen. Unter diesen Wissenschaftszweigen muß hervorragend die Geschichte der

Gewerbe genannt werden, die eine Geschichte der von den Menschen aus den Naturprodukten gezogenen Nutzanwendungen zur Befriedigung ihrer Bedürfnisse oder Wißbegier darstellt.

Dies wären die hauptsächlichen Gegenstände des Gedächtnisses. Wir gehen nun zum Denk- und Urteilsvermögen über. Die geistigen wie die materiellen Dinge ihres Wirkungsfeldes verfügen über einige allgemeine Eigenschaften wie Existenz, Möglichkeit, Dauer. Die Untersuchung dieser Qualitäten bildet zunächst jenen Zweig der Philosophie, dem alle übrigen einen Teil ihrer Grundsätze entnommen haben: Dieser Zweig führt den Namen *Ontologie* oder *Lehre vom Sein* oder *Allgemeine Metaphysik*. Von hier aus gehen wir zur Behandlung der Einzeldinge über, und die von der diese verschiedenen Dinge behandelnden Wissenschaft übernommenen Einteilungen folgen dem gleichen Plan wie in der Geschichtswissenschaft.

Die Wissenschaft von Gott, die *Theologie*, zerfällt in zwei Zweige: die natürliche Theologie besitzt von Gott nur die aus der bloßen Vernunft abgeleitete Kenntnis von Gott, ein nicht allzu ausgedehntes Wissen also. Die geoffenbarte Theologie gewinnt aus der biblischen Geschichte eine weitaus vollkommenere Kenntnis des Höchsten Wesens. Eben auf dieser geoffenbarten Gotteslehre beruht nun auch die Lehre von den geschaffenen Geistern. Wir haben auch hier eine Abweichung von unserem Autor für erforderlich gehalten: die der Vernunft zugeordnete Wissenschaft darf doch anscheinend nicht, wie er es getan hat, in Theologie und Philosophie gespalten werden, denn die Offenbarungslehre ist einfach die Anwendung der Vernunft auf die Offenbarung. Man könnte behaupten, daß sie auf Grund ihrer Dogmenlehre zur Geschichte und wegen der aus diesen Dogmen gezogenen Schlüsse zur Philosophie rechnet. Eine derartige Trennung von Theologie und Philosophie würde das Herausbrechen eines festgewachsenen Triebes von seinem Stamm bedeuten. Außerdem scheint die Wissenschaft von den Geistern enger mit der Offenbarungstheologie als mit der natürlichen Gotteslehre verwandt zu sein.

Der erste Teil der Wissenschaft vom Menschen ist die Seelenkunde. Ihr Ziel ist die theoretische Erkenntnis der menschlichen Seele oder deren Wirken. Die theoretische Seelenforschung kommt teilweise von der natürlichen Theologie, andernteils von der Offenbarungslehre her und führt den Namen *Pneumatologie* oder spezielle *Metaphysik*. Die Kenntnis über ihre Tätigkeiten gliedert sich wiederum in zwei Teile, da diese einerseits auf *Erkenntnistheorie* oder aber auf die *Ethik* gerichtet sein kann. Die Ergründung der Wahrheit ist das Ziel der Logik und läßt auch die Kunst ihrer Weiterverbreitung erstehen; die Anwendung der Logik dient unserem eigenen Vorteil und gleichzeitig dem unserer Mitmenschen. Die Regeln der Moral finden weniger auf den alleinlebenden Menschen Anwendung und setzen zwangsläufig seine Gemeinschaft mit den übrigen voraus.

Die *Naturwissenschaft* ist nichts anderes als die Wissenschaft von den Körpern. Aber da die Körper über allgemeine Merkmale verfügen – wie Dichtigkeit, Bewegung und Ausdehnung –, muß in der Naturwissenschaft vom Studium dieser Eigenschaften ausgegangen werden. Ihr gewissermaßen rein geistiger Charakter bietet auf der einen Seite spekulativen Betrachtungen fast unbegrenzten Spielraum, während ihre materielle, greifbare Seite ihre Meßbarkeit ermöglicht. Die verstandesmäßige Spekulation gehört zur allgemeinen Physik und ist eigentlich nur eine auf feste Körper bezogene Metaphysik; die Meßbarkeit wiederum ist der Gegenstand der Mathematik, deren Unterteilungen sich fast bis ins Unendliche fortsetzen.

Diese beiden Wissenschaften führen zur *Physik* im engeren Sinne, die sich mit den Körpern an sich beschäftigt und nur die Einzeldinge zum Gegenstand hat. Unter den Körpern, deren Eigenschaften zu erforschen wir für wichtig halten, muß unser eigener an erster Stelle stehen, und diejenigen, deren Kenntnis zu unserer Selbsterhaltung am dringendsten erforderlich ist, schließen sich unmittelbar an: hier liegt der Ursprung der Anatomie, der Landwirtschaft, der Medizin und ihrer verschiedenen Zweige. Schließlich ergeben die anderen Dinge in der Natur, die Ziel unserer Forschung sind, die übrigen zahllosen Zweiggebiete der theoretischen Physik.

Malerei, Plastik, Baukunst, Dichtung, Musik und deren verschiedene Ergänzungen bilden den dritten allgemeinen Teil; er verdankt seine Entstehung der Vorstellungskraft, und seine einzelnen Zweige sind unter dem Namen »schöne Künste« zusammengefaßt. Man könnte sie auch einfach unter der allgemeinen Bezeichnung »Malerei« vereinigen, da alle schönen Künste letzthin etwas darstellen und lediglich in der Art der angewandten Mittel auseinandergehen; oder man könnte sie auch alle als »Poesie« begreifen, wenn man diesen Begriff in seiner ursprünglichen Bedeutung als Erfindung oder Schöpfung nimmt.

Dies wären die Hauptteile unserer enzyklopädischen Tafel. Am Schluß unserer Vorrede folgt eine noch eingehendere Betrachtung. Wir haben dort eine Art Übersichtskarte zusammengestellt und dieser eine wesentlich aufführlichere Erklärung als die bisherige beigegeben. Beide sind im »Prospektus« bereits veröffentlicht worden, um gewissermaßen die Geschmacksrichtung der Öffentlichkeit zu erahnen. Nach reiflicher Überlegung oder auch den Ratschlägen einiger Philosophen zufolge, die so gute Bürger sind, daß sie unserem Werk Interesse entgegenbringen, haben wir daran einige leicht feststellbare Änderungen vorgenommen. Die Billigung dieser Änderungen seitens der aufgeklärten Leser wird die Belohnung für unsere Nachgiebigkeit sein; wenn wir aber keine Zustimmung finden, wird uns das nur in unserer Überzeugung von der Unmöglichkeit der Aufstellung einer enzyklopädischen Übersicht bestärken, die jedem Geschmack gerecht zu werden vermöchte.

Die allgemeine Einteilung unserer Kenntnisse nach unseren drei verschiedenen Entfaltungsmöglichkeiten hat noch den Vorzug, auch das Vorbild für eine Dreiteilung der wissenschaftlichen Welt in *Gelehrte*, *Philosophen* und *Künstler* zu ergeben: anschließend an die Übersichtstafel für die Wissenschaften könnte man also auf gleicher Grundlage eine Aufstellung der literarisch Gebildeten geben. Das Gedächtnis ist die Hauptbegabung der ersten Gruppe, der Scharfsinn ist der zweiten zuzuschreiben und der letzten kommt die Anmut zu. Sieht man also im Gedächtnis den Anfang des Verstandesgebrauchs und fügt den verknüpfenden und nachschaffenden noch hinzu, dann könnte man ganz allgemein die mehr oder weniger zahlreichen gedanklichen Vorstellungen und die Beschaffenheit dieser Ideen als grundlegend für die jeweiligen Unterschiede zwischen den Menschen hinstellen und den Verstandesgebrauch im allerweitesten Sinne des Wortes als maßgeblich für die Eigenart des Geistes und entscheidend für den Unterschied zwischen dessen Gattungen ansehen. Übrigens besitzen diese drei Welten, auf die wir die Schriftsteller soeben verteilt haben, als einzige Gemeinsamkeit nur ihre gegenseitige Geringschätzung. Der Dichter und der Philosoph betrachten einander als Verrückte, die sich von Hirngespinsten nähren; beide zusammen sehen im Gelehrten eine Art Geizhals, der nur freudlos alles ansammelt und wahllos völlig Wertloses und kostbare Schätze zusammenträgt. Der Gelehrte wiederum, der überall nur leere Worte sieht, wo er nicht bewiesene Tatsachen liest, sieht verächtlich auf den Dichter und den Philosophen herab als auf Leute, die sich für reich halten, weil ihre Ausgaben ihre Mittel übersteigen.

So nimmt man also an den Vorzügen der anderen Rache. Es läge weit mehr im Interesse der Schriftsteller, wenn sie statt ihres Absonderungsstrebens die Erkenntnis der gegenseitigen Angewiesenheit in ihrer Arbeit und die sich daraus ergebenden Erleichterungen herausstellen wollten. Es unterliegt keinem Zweifel, daß die Gesellschaft den Schöngeistern ihre wesentlichen Vergnügungen verdankt und den Philosophen die Aufklärung; aber beiden wird nicht bewußt, wieviel sie dem Gedächtnis verdanken, das den Rohstoff unserer gesamten Kenntnisse in sich schließt; oft genug hat die Arbeit des Gelehrten dem Philosophen und dem Dichter den Stoff geliefert, den diese nun verarbeiten. »Wenn die Alten die Musen ›Töchter des Gedächtnisses‹ nannten«, so äußert sich ein moderner Schriftsteller, »dann taten sie es wohl in der Erkenntnis der Notwendigkeit dieser geistigen Anlage für alle übrigen; die Römer errichteten ihr Tempel ebenso wie der Fortuna.«

Wir müssen nun noch aufzeigen, in welcher Weise wir in unserem Wörterbuch die enzyklopädische Ordnung mit der alphabetischen in Einklang zu bringen versuchten. Drei Mittel haben wir hierzu angewandt: eine Übersichtstabelle am Beginn des Werkes, Angabe der Wissenschaft, auf die sich die jeweiligen Artikel beziehen, und die Behandlung der Artikel selbst. In der Regel ist nach dem Wort, das den Gegenstand des Artikels angibt, der Name der dafür in Frage kommenden Wissenschaft angegeben. Man braucht nur in der Übersichtstafel nachzusehen, wo jene Wissenschaft eingeordnet ist, um die Stelle des Artikels in der Enzyklopädie zu erfahren. Ist gelegentlich eine Angabe der Wissenschaft unterlassen, so genügt die Lektüre zur Bestimmung seiner Zugehörigkeit; sollten wir z. B. den Hinweis vergessen haben, daß das Wort »Bombe« zur Kriegführung gehört oder der Name einer Stadt oder eines Landes zur Erdkunde, dann glauben wir mit der Intelligenz unserer Leser rechnen zu dürfen, die durch eine derartige Lücke hoffentlich nicht aus dem

Gleichgewicht gebracht werden. Übrigens wird aus der inhaltlichen Anordnung jedes ein wenig umfangreichen Artikels unfehlbar ersichtlich, daß dieser auch mit einem anderen Abschnitt Berührungspunkte aufweist, der zu einer anderen Wissenschaft gehört, der zweite wieder zu einem dritten usw. Wir haben uns bemüht, durch genaue und häufige Hinweise in dieser Beziehung allen Wünschen gerecht zu werden; denn die Anmerkungen in diesem Wörterbuch dienen dem besonderen Zweck, vor allem den Zusammenhang der behandelten Fragen aufzuzeigen, wogegen sie in anderen Werken gleicher Art lediglich zur Erklärung eines Artikels durch den anderen bestimmt sind. Häufig haben wir sogar auf einen Hinweis verzichtet, weil die künstlerischen oder wissenschaftlichen Fachausdrücke, denen er gegolten hätte, ihre Erklärung in den dafür in Frage kommenden Artikeln finden, die der Leser wahrscheinlich selbst nachschlagen wird. Den Versuch einer Erklärung der wechselseitigen Befruchtung der Wissenschaften haben wir vor allem in den allgemeinwissenschaftlichen Kapiteln unternommen.

Drei Dinge sind also für die enzyklopädische Anordnung bestimmend: der Name der Wissenschaft, zu der der Artikel gehört; die Einstufung dieser Wissenschaft in der Tabelle; der Zusammenhang des Artikels mit anderen Kapiteln innerhalb desselben oder eines anderen Wissenszweiges, vermittelt durch die Anmerkungen oder leicht feststellbar mit Hilfe der in alphabetischer Reihenfolge erklärten Fachausdrücke. Die Gründe, die uns zur unbedingten Bevorzugung der alphabetischen Anordnung veranlaßt haben, sind hier unwichtig; wir werden sie später auseinandersetzen, wenn wir dieses Sammelwerk als Wörterbuch der Wissenschaften und Künste besprechen.

Im übrigen werden wir zu dem in der enzyklopädischen Anordnung bestehenden Teil unserer Arbeit, der sich eher an die Gebildeten wendet als an die große Menge, zweierlei beachten: erstens, daß es oft ganz widersinnig wäre, einen unmittelbaren Zusammenhang zwischen irgendeinem willkürlich herausgegriffenen Artikel mit einem anderen dieses Wörterbuches finden zu wollen; man würde selbstverständlich erfolglos nach den geheimen Fäden suchen, die den »Kegelschnitt« mit dem »Akkusativ« verbinden. Die enzyklopädische Anordnung setzt durchaus keine unmittelbare Zusammengehörigkeit aller Wissenschaften voraus. Sie sind Zweige des gleichen Stammes, nämlich des menschlichen Verstandes. Diese Zweige sind oft keineswegs miteinander verbunden, und bei vielen stellt der Stamm das einzige gemeinsame dar. So gehört der Kegelschnitt zur Geometrie, diese führt zur speziellen Physik, diese wiederum zur allgemeinen Physik, dann weiter zur Metaphysik; und die Metaphysik kommt nun ganz nahe an die Grammatik heran, der das Wort »Akkusativ« entnommen ist. Bei der Ankunft bei diesem letztgenannten Fachausdruck auf dem soeben angegebenen Wege aber befindet man sich in solcher Entfernung vom Ausgangspunkt, daß man ihn völlig aus den Augen verloren hat.

Zweitens müssen wir die Bemerkung machen, daß man unserer Übersichtstafel keinen größeren Wert beimessen darf, als wir selbst ihr zuerkennen wollen. Der Nutzen der allgemeinen Einteilungen liegt in der Zusammenfassung eines sehr umfangreichen Materials: sie darf aber keinesfalls das Studium des Materials selbst überflüssig erscheinen lassen. Man kann so eine Art Verzeichnis der möglichen Erkenntnisse aufstellen – eine wertlose Aufzählung, wenn man bei ihr stehenbleibt, aber nützlich, wenn man in seiner Arbeit über sie hinausgehen will. Ein einziger durchdachter Artikel über einen besonderen Gegenstand der Kunst oder Wissenschaft weist mehr Gehalt auf als alle denkbaren möglichen Einteilungen und Unterteilungen der allgemeinen Bezeichnungen. Bleiben wir aber bei unserem weiter oben aufgestellten Bild der geographischen Karten: jemand, dem für seine Gesamtbildung eine Übersichtstabelle als Unterlage genügt, dürfte kaum über mehr Wissen verfügen als derjenige, der infolge seiner aus Landkarten gewonnenen allgemeinen Vorstellung von der Erdkugel und ihren wichtigsten Gebieten sich einbilden würde, die verschiedenen Völker zu kennen, die diese bewohnen, und die einzelnen Staaten, aus denen sie sich zusammensetzen. Vor allem darf man bei der Betrachtung unserer systematischen Darstellung nicht vergessen, daß die hier dargestellte enzyklopädische Anordnung sich von der Entfaltung der geistigen Vorgänge grundsätzlich unterscheidet, daß die mit den Gattungswesen beschäftigten Wissenschaften ihren Zweck nur in der Überleitung zu jenen Wissenszweigen finden, die den Einzelwesen gewidmet sind, daß in Wirklichkeit nur diese Einzelwesen existieren und unser Gehirn die Gattungswesen nur zur leichteren, allmählichen Erforschung jener Eigenschaften ins Leben gerufen hat, die ihrer Beschaffenheit nach in der gleichen Substanz nebeneinander vorhanden und physisch von ihr untrennbar sind. Diese Überlegungen müssen das endgültige Ergebnis aller unserer bisherigen Ausführungen sein, und damit wollen wir auch den ersten Teil unserer Einleitung beschließen.

Wir gehen nun an die Betrachtung unseres Werkes als »Methodisches Sachwörterbuch der Wissenschaften und Künste«. Dieses Thema gewinnt noch an Bedeutung, weil es zweifellos dem größten Teil unserer Leser hervorragende Anregung bietet und weil auch ein Höchstmaß an Sorgfalt und Arbeit zu seiner umfassenden Behandlung erforderlich war. Bevor wir uns jedoch in alle Einzelheiten dieses Gebietes so vertiefen, wie man es mit vollem Recht von uns erwartet, dürfte eine ausgedehnte Untersuchung des gegenwärtigen Standes der Wissenschaften und Künste und ihres stufenartigen Anstieges zu diesem Stand nicht unangebracht sein. Die metaphysische Darstellung über den Ursprung und die Zusammenhänge der Wissenschaften hat uns bei der Anordnung der enzyklopädischen Übersicht wertvolle Dienste erwiesen; die historische Darstellung der schrittweisen Entwicklung unserer Wissenschaften dürfte uns zu nicht weniger wertvollen Aufschlüssen darüber verhelfen, in welcher Weise wir diese Kenntnisse an unsere Leser weiterzugeben haben. Im übrigen steht die Geschichte der Wissenschaften in natürlichem Zusammenhang mit derjenigen der genialen Männer, deren Werke zur Verbreitung der Aufklärung unter den Menschen beigetragen haben. Da diese Werke eine grundlegende Unterstützung für unsere Arbeit geboten haben, müssen wir zunächst von ihrer Besprechung ausgehen, ehe wir die einzelnen hilfreichen Winke von anderer Seite erwähnen. Wir wollen nicht allzuweit ausholen und die Wiedergeburt der Wissenschaften zum Ausgangspunkt nehmen.

Bei einer Betrachtung des geistigen Fortschritts seit jenem denkwürdigen Zeitpunkt stellt man eine natürliche Ordnung fest, in der dieser Fortschritt sich entwickelt hat. Man begann mit der Gelehrsamkeit und kam über die schönen Wissenschaften zur Philosophie. Diese Reihenfolge weicht allerdings von derjenigen ab, die der auf seinen eigenen Verstand oder auf den Umgang mit seinen Mitmenschen angewiesene Einzelmensch einhalten soll und die wir ausführlich im ersten Teil unserer Abhandlung dargestellt haben: wir haben dort tatsächlich aufgezeigt, daß der einzelne Denker sich in seiner Entwicklung zuerst mit der Philosophie und dann mit den schönen Wissenschaften auseinandersetzt. Bei dem Hervortreten aus einer langen Zwischenstufe geistiger Dämmerung, die auf Jahrhunderte großer Erkenntnisse gefolgt war, mußte jedoch die Wiedergeburt der Gedankenwelt, wenn man so sagen darf, zwangsläufig von deren ursprünglicher Erzeugung abweichen. Wir werden versuchen, das herauszustellen.

Die von der Antike auf fast allen Gebieten hinterlassenen Meisterwerke waren zwölf Jahrhunderte lang ins Vergessen gesunken. Die Grundlehren von Künsten und Wissenschaften waren für uns verloren, weil das Schöne und das Wahre, die sich den Menschen überall zu zeigen scheinen, doch erst bewußt werden, wenn man sie besonders darauf hinweist. Jene unseligen Zeiten waren zwar keineswegs ärmer an hervorragenden Genies als andere Epochen auch; die Natur bleibt sich immer gleich; aber was hätten diese großen, wie gewöhnlich auch damals nur in großen Zeitabständen auftretenden Männer bei ihrer Beschäftigung mit den verschiedensten Gegenständen und ohne Vorbildung nur auf den eigenen Verstand angewiesen, schließlich erreichen können? Fast immer bilden die durch die Lektüre oder die Gesellschaft gewonnenen Gedankengänge den Kernpunkt aller Entdeckungen. Sie sind gleichsam die Luft, die man unbewußt einatmet und der man das Leben verdankt; und den Menschen, von denen wir hier sprechen, war diese Hilfe nicht zugänglich. Sie glichen den ersten Schöpfern der Wissenschaften und Künste, die durch ihre berühmten Nachfolger in den Schatten gestellt wurden, wie auch sie ihrerseits im umgekehrten Falle jene der Vergessenheit preisgegeben hätten. Der Erfinder der Räder und Getriebe hätte in einem anderen Jahrhundert möglicherweise Uhren erfunden; und Gerbert[15] wäre vielleicht ein zweiter Archimedes geworden, wenn er zu dessen Zeit gelebt hätte.

Immerhin ließen die meisten Schriftsteller jenes dunklen Zeitalters sich als Dichter oder Philosophen bezeichnen. Warum sollte es ihnen auch schwerfallen, sich den ganz mühelos erworbenen Schmuck dieser beiden Titel anzumaßen, zumal man dabei stets noch hervorheben kann, daß man sie keineswegs fremden Erkenntnissen verdankt? Sie hielten eine Suche nach dichterischen Vorbildern in den Werken der Griechen und Römer, deren Sprache nicht mehr gesprochen wurde, für überflüssig und sahen eine entstellende, barbarische Überlieferung für die echte antike Philosophie an. Die Poesie sank durch sie zu einem unreifen, seelenlosen Betrieb zusammen. An die Stelle der vertieften Erforschung der Natur und des umfassenden Studiums des Menschen traten tausend nichtige Fragen über abstrakte und metaphysische Wesenheiten, deren annehmbare oder irreführende Lösung oft große Spitzfindigkeit und infolgedessen einen großen Mißbrauch des Geistes erforderlich machte. Verbindet man mit dieser Verwirrung noch den Zustand der Sklaverei, in den fast das gesamte Europa versetzt war, und die vernichtenden Auswirkungen des Aberglaubens, der aus der Unwissenheit entsteht und wieder in sie zurückführt, dann wird man sich der lückenlosen Kette von Hindernissen bewußt, die ein Wiederaufleben der Vernunft und allen Geschmackes weit aus dem Bereich der Möglichkeit rückten. Denn nur die Freiheit im Tun und Denken befähigt, Großes zu vollbringen, und sie bedarf nur der Aufklärung, um vor Übertreibungen bewahrt zu bleiben.

Zur Befreiung des Menschengeschlechtes aus der Barbarei war also eine jener Revolutionen notwendig, die der Erde ein neues Gesicht verleihen. Das byzantinische Reich wird zerstört, und sein Untergang läßt die wenigen noch auf der Welt verbleibenden Kenntnisse auf Europa zurückströmen: die Erfindung der Buchdruckerkunst sowie die helfende Hand der Medici und Franz' I. führen zur geistigen Neubelebung, und neues Wissen bricht überall hervor.

Zunächst wandte man sich nun dem Studium der Sprachen und der Geschichte zu, das man während der Jahrhunderte der Unwissenheit hatte aufgeben müssen. Der menschliche Geist befand sich beim Ausgang aus der Barbarei gewissermaßen in einem kindlichen Stadium, voll Eifer, Vorstellungen zusammenzutragen, und doch zunächst infolge des langen Betäubungszustandes seiner seelischen Fähigkeiten einer einigermaßen geordneten Erwerbung nicht fähig.

Zunächst wurde das Gedächtnis geschärft und allen übrigen geistigen Fähigkeiten vorangestellt, weil es leichter als diese zufriedenzustellen ist und weil die durch seine Hilfe angeeigneten Kenntnisse am mühelosesten zusammengestellt werden können. Man ging also nicht vom Studium der Natur aus, wie es die ersten Menschen hatten tun müssen; man hatte Hilfsmittel, die jene noch nicht besaßen, in den Werken der Antike zur Verfügung, die durch die Großzügigkeit der Mächtigen und durch den Buchdruck allmählich Allgemeingut wurden. Man glaubte, durch Lesen allein schon gelehrt zu werden, und es ist auch wesentlich leichter, zu lesen, als zu beobachten. Deshalb verschlang man wahllos alles, was auf den verschiedensten Gebieten von der Antike auf uns überkommen war: man übersetzte ihre Werke, man kommentierte sie und begann, sie aus einer gewissen Dankbarkeit heraus zu verehren, ohne auch nur annähernd ihren Wert zu erkennen.

So entstand jene Unzahl Gelehrter, die es in ihrer Vertiefung in die alten Sprachen bis zur Verachtung ihrer Muttersprache brachten, die – nach dem Urteil eines berühmten Schriftstellers – alles von den Alten gelernt hatten, nur nicht deren Anmut und Zartheit, und die so stolz auf die aufgeblasene Ausbreitung ihrer Gelehrsamkeit waren: denn mit den billigsten Vorzügen pflegt man sich am liebsten zu schmücken. Sie glichen gewissen »großen Herren«, die durch keine persönlichen Verdienste an ihre Vorfahren heranreichen, sondern allein in ihrer Zugehörigkeit zu ihnen einen ausreichenden Grund zur Eitelkeit zu sehen glauben. Übrigens entbehrte diese Eitelkeit nicht einer gewissen Berechtigung. Das Feld der Gelehrsamkeit und der Tatsachen ist unerschöpflich; man glaubt bei den mühelosen Errungenschaften seinen inneren Wertbestand buchstäblich von Tag zu Tag wachsen zu sehen. Im Gegensatz dazu ist das Gebiet der verstandesmäßigen Erkenntnisse und der Entdeckungen ziemlich eng begrenzt, und statt Neues, bisher Unbekanntes zu lernen, verlernt man oft nach angestrengtem Studium nur noch das, was man vorher zu wissen glaubte. Daher ist trotz seiner weit geringeren Leistung der Gelehrte zwangsläufig viel eingebildeter als ein Philosoph und wohl auch als ein Dichter: denn der schöpferische Geist gibt sich nie mit seinen Erfolgen zufrieden, weil er darüber hinausstrebt; und häufig ist gerade den bedeutendsten Geistern in Selbstachtung ein für fremde Augen verborgener, aber strenger Richter gesetzt, der zwar durch Beifall von außen für kurze Zeit zum Schweigen gebracht werden kann, aber stets unbestechlich bleibt. Es ist also keineswegs befremdend, daß die erwähnten Gelehrten sich so stark im Glanze ihrer widerspenstigen, oft lächerlichen und bisweilen sogar sinnlosen Wissenschaft sonnten.

Allerdings hat unser Jahrhundert, das sich zu umwälzenden Änderungen im Gesetzeswesen und zum Richteramt berufen glaubt, keine sehr hohe Meinung von jenen damaligen Berühmtheiten. Man sieht heute ein gewisses Verdienst darin, sie kaum zu beachten, und sehr viele Leute geben sich mit diesem Verdienst zufrieden. Anscheinend will man jene Gelehrten für ihre übersteigerte Selbstgefälligkeit oder für den wenig begründeten Beifall ihrer Zeitgenossen mit Verachtung strafen und versucht, die Götzen so gründlich zu stürzen, daß sich niemand mehr ihrer Namen erinnert. Aber jede Maßlosigkeit ist ungerecht. Wir täten besser daran, die Arbeit dieser unermüdlichen Männer dankbar anzuerkennen. Um uns eine restlose Verwertung der antiken Werke zu ermöglichen, mußten sie notgedrungen auch Überflüssiges aus ihnen ans Licht ziehen. Man kann nicht Gold aus einer Mine gewinnen, ohne dabei gleichzeitig allerlei Abraum oder minderwertige Stoffe zu fördern. Hätten sie später gelebt, würden sie eine kritische Auswahl in unserem Sinne vorgenommen haben. In der Gelehrsamkeit sehen wir also eine notwendige Voraussetzung für die schöne Literatur.

Tatsächlich genügte schon kurze Zeit einer eingehenden Lektüre der antiken Meister, um die Überzeugung zu erwecken, daß aus diesen bisher nur auf ihren Tatbestand und ihren Wortschatz hin untersuchten Werken viel größere Werte zu gewinnen waren. Bald entdeckte man die Schönheiten, die ihre Autoren in sie hineingelegt hatten; denn wenn auch die Menschen, wie wir schon dargestellt haben, auf das Schöne erst hingewiesen werden müssen, so ist ein solcher Anstoß andererseits auch ausreichend. Die bisherige Bewunderung für die Antike konnte kaum noch gesteigert werden; aber sie gewann an Begründung, wenn sie auch von wirklichem Verständnis noch weit entfernt war. Man glaubte, sie nur durch sklavisches Kopieren erreichen zu können, und hielt eine vollendete Ausdrucksweise nur in ihrer Sprache für möglich. Man bedachte nicht, daß das Erlernen der Sprache als vorübergehende Unannehmlichkeit zum leichteren Wissen um die Dinge notwendig ist, sich aber als wirkliches Übel auswirkt, wenn es diese Forschung verzögert. Man hätte sich also darauf beschränken sollen, in die griechischen und römischen Autoren soweit einzudringen, wie es zur Verarbeitung ihrer wertvollsten Gedanken notwendig ist. Die auf das Abfassen der Schriften in ihrer Sprache verwendete Zeit mußte für das Vorwärtsstreben des Verstandes verlorengehen. Übrigens übersah man auch, daß mit vielen stilistischen Schönheiten, die uns so in den

Werken der Antike vorenthalten blieben, gleichzeitig auch eine große Anzahl von Irrtümern vermieden würde, die man sonst getreulich als Schönheiten zu übernehmen Gefahr läuft. Alles, was man schließlich von dieser unselbständigen Übernahme des antiken Sprachgebrauchs gewinnen könnte, wäre ein merkwürdiges Gemisch unendlich vieler Stilarten, das uns modernen Menschen vielleicht sehr gewissenhaft und sogar bewundernswürdig erscheinen, in den Augen Ciceros oder Virgils jedoch einfach lächerlich wirken würde. Ebenso würde ein Schriftwerk in unserer Sprache unsere Lachlust erregen, in dem der Verfasser Satzbildungen von Bossuet, La Fontaine, La Bruyère und Racine[16] nebeneinandergesetzt hätte in der an sich völlig richtigen Überzeugung, daß jeder dieser Schriftsteller einzeln genommen ein vorzügliches Vorbild sei.

Dieses Vorurteil der ersten Gelehrten hat im 16. Jahrhundert eine große Anzahl latinisierender Dichter, Redner und Historiker hervorgebracht, deren Werke offengestanden in den meisten Fällen als Hauptwert nur eine Latinität zu bieten haben, die wir heute kaum noch beurteilen können. Einige dieser Werke kann man mit den inhaltslosen Ergüssen der meisten unserer Redner vergleichen, die in ihrer Hohlheit Körpern ohne Substanz gleichen und nur einer Übersetzung ins Französische bedürften, um von keinem Menschen mehr gelesen zu werden.

Allmählich haben die Schriftsteller von dieser Art Besessenheit schließlich Abstand genommen. Anscheinend kann man ihre Wandlung, wenigstens teilweise, ihrer Förderung durch die Herrscher zuschreiben, die gern als Gelehrte auftreten, wenn sie diesen Ruf mühelos erwerben können, und die als Ausgleich für die Wohltaten, die sie dem Schriftsteller versprechen und für die Freundschaft, mit der sie ihm eine Ehre zu erweisen glauben, eine Urteilsfähigkeit über eine geistige Arbeit ohne eigene Bemühungen gewinnen wollen. Man begann zu empfinden, daß das Schöne in der Volkssprache nichts an Wert einbüßen, sondern sogar den Vorteil der leichteren Verständlichkeit für die Allgemeinheit gewinnen würde; man begriff, daß im Schildern durchschnittlicher oder lächerlicher Angelegenheiten in welcher Sprache auch immer, und noch viel mehr in einer, die man schlecht sprach, keineswegs eine besondere Leistung zu sehen sei. Die Schriftsteller machten es sich also nun zur Aufgabe, die Volkssprache auszubilden; sie bemühten sich zunächst, in der Muttersprache auszudrücken, was die antiken Meister in ihren Sprachen gesagt hatten. Infolge des eben mühsam überwundenen Vorurteils begann man nun allerdings, die französische Sprache zu verunstalten, statt sie zu bereichern. *Ronsard* machte sie zu einem rauh klingenden Kauderwelsch mit griechischen und lateinischen Brocken, ließ sie aber glücklicherweise so unverständlich werden, daß sie ins Lächerliche absank.[17] Man empfand bald, daß die Schönheiten und nicht einfach die Wörter der alten Sprachen in unsere Sprache aufgenommen werden müßten. Nachdem so das Schönheitsgefühl ordnend und fördernd eingegriffen hatte, erfuhr die Sprache schon nach kurzer Zeit eine Bereicherung durch eine Unzahl glücklicher Wendungen und Ausdrücke. Schließlich gab man sich auch nicht mehr mit bloßer Abschrift oder Nachahmung der Griechen oder Römer zufrieden; man versuchte, sie nach Möglichkeit zu übertreffen und eigene Gedanken zu entwickeln. Auf diese Weise konnte allmählich aus der Gestaltungskraft der Antike diejenige der Neuzeit wiedererstehen, und so erlebte man das fast gleichzeitige Aufblühen aller Meisterwerke des letzten Jahrhunderts auf dem Gebiet der Redekunst, der Geschichte, der Dichtung und der verschiedenen Literaturgattungen.

Malherbe hatte sich an den hervorragenden Dichtern des Altertums gebildet und nahm wie sie die Natur zum Vorbild; er als erster legte in unsere Dichtung Wohlklang und bisher ungekannte Schönheit. *Balzac*, den man heute nicht genügend zu würdigen versteht, wußte unserer Prosa Würde und Gewicht zu verleihen. Die Schriftsteller von Port Royal setzten das Werk Balzacs fort. Sie gaben unserer Sprache jene Genauigkeit, jene Sicherheit des Ausdrucks und Reinheit des Stils, die den meisten ihrer Werke bis heute einen zeitgemäßen Anstrich bewahrt haben und sie von einer großen Anzahl damals entstandener, heute jedoch längst veralteter Bücher unterscheiden.[18] *Corneille* hatte zunächst in seiner dramatischen Laufbahn eine Zeitlang dem schlechten Geschmack Zugeständnisse gemacht, machte sich aber schließlich davon frei und entdeckte mit der Stärke seines Genies – kaum aber aus Büchern – die Gesetze des Theaters. Er stellte sie in seinen hervorragenden Abhandlungen über die Tragödie, in den *Betrachtungen* über seine einzelnen Stücke und vor allem in seinen Dramen selbst heraus. *Racine* schuf eine neue Möglichkeit, gab seinen Stücken eine im antiken Theater kaum geahnte Leidenschaft und enthüllte die Triebe des menschlichen Herzens. Er verstand mit unfehlbarer Eleganz und wahrheitsgetreuer Wiedergabe erhabene Züge zu verbinden. *Despréaux*[19] zeigte sich in seiner Nachdichtung der »Ars poetica« von Horaz diesem ebenbürtig. *Molière* übertraf durch seine scharfsichtige Wiedergabe der Lächerlichkeit und der Sitten seiner Zeit die antike Komödie bei weitem. *La Fontaine* ließ fast jede Erinnerung an Aesop und Phaedrus verblassen, und *Bossuet* eroberte sich seinen Platz neben Demosthenes.

Die schönen Künste sind der schönen Literatur so nahe verwandt, daß die Neigung zur Beschäftigung mit diesen auch gleichzeitig zur Hebung jener beiträgt. Gleichzeitig mit der Bereicherung unseres Schrifttums durch so viele schöne Werke schuf *Poussin* seine Bilder und *Puget* seine Statuen. *Le Sueur* malte das Karthäuserkloster und *Le Brun*[20] die Schlachten Alexanders; *Quinault* sicherte sich als Schöpfer einer neuen Gattung mit seinen lyrischen Gedichten die Unsterblichkeit, und *Lully* gab unserer zum Leben drängenden Musik erstmalig Ausdruck.[21]

Allerdings muß man zugeben, daß die Renaissance auf dem Gebiet der Malerei und Plastik in weit kürzerer Zeit vor sich ging als in der Dichtkunst und in der Musik, und der Grund hierzu ist leicht ersichtlich. Sowie man mit dem Studium der Werke des Altertums auf allen Gebieten begann, zogen die zahlreichen Aberglauben und Unwissenheit entkommenen antiken Meisterwerke bald die Aufmerksamkeit aufgeschlossener Künstler auf sich. Einen *Praxiteles* oder *Phidias* nachzuahmen war nur bei getreulicher Übernahme ihrer Technik möglich, und ein begabter Künstler brauchte nur genau zu beobachten. So haben *Raffael* und *Michelangelo* schon nach kurzer Zeit ihre Kunst zu einer seitdem noch nicht wieder erreichten Vollendung gesteigert. Überhaupt mußten Malerei und Bildhauerkunst als in ihrem Schaffen auf die Sinne bezogene Künste zwangsläufig in ihrem Aufblühen der Dichtkunst vorangehen, weil die Sinne von der augenfälligen und greifbaren Schönheit der antiken Bildwerke unmittelbarer angesprochen wurden, als die Vorstellungskraft die geistige und flüchtige Schönheit der alten Schriftsteller zu erfassen vermochte. Im übrigen mußte mit Beginn dieser Entdeckung die nachahmende Schöpfung eben jener Schönheiten sich durch Unselbständigkeit und durch die Anwendung der fremden

Sprache der Entfaltung der Phantasie sogar hindernd in den Weg stellen. Entziehen wir unseren Malern und Bildhauern für einen Augenblick den Vorteil, den ihnen die Verwendung der gleichen Stoffe, die schon von den antiken Meistern verarbeitet waren, für ihre Arbeit bot: hätten sie, wie unsere Schriftsteller, viel Zeit mit der Suche und der mangelhaften Nachahmung dieses einen Stoffes verlieren müssen, statt an die Verwendung eines anderen zu denken, der ihnen ebenfalls die Nachahmung der so sehr bewunderten Werke gestattete, dann würden sie zweifellos eine viel langsamere Entwicklung genommen haben und wären wohl heute noch auf der Suche nach dem geeigneten Marmor.

Die Musik nun wiederum hat erst viel später einen gewissen Grad der Vollkommenheit erreichen können, weil sie als Kunst erst von den Menschen der Neuzeit geschaffen werden mußte. Die Zeit hat alle uns auf diesem Gebiete von der Antike hinterlassenen Vorbilder zerstört, und ihre wenigen uns zugänglichen Schriftsteller haben uns in dieser Hinsicht nur ein ziemlich unklares Wissen oder Schilderungen übermittelt, die uns eher in Erstaunen setzen als unterrichten. Einige unserer Gelehrten haben sich von einem gewissen Besitzerstolz zu der Behauptung verleiten lassen, daß wir in dieser Kunst die Griechen weit überragen. Der Mangel an Urkunden ist für die Aufrechterhaltung dieses Anspruches wie auch für seine Widerlegung erschwerend, und er kann durch die angeblichen oder wahren Wunderwerke der antiken Musik kaum in Frage gestellt werden.

Vielleicht darf man mit einiger Wahrscheinlichkeit vermuten, daß jene Musik sich von der unsrigen grundlegend unterschied und daß sie ihr vielleicht in der Melodienführung überlegen war, während die Harmonie der modernen Musik zur Vorrangstellung verhilft.

Wir würden uns eine Ungerechtigkeit zuschulden kommen lassen, wenn wir im Verlauf dieser ausführlichen Betrachtungen nicht dankbar anerkennen wollten, wie tief wir in der Schuld Italiens stehen: von dort sind die Wissenschaften zu uns gekommen, die seither in ganz Europa so reiche Frucht getragen haben; vor allem aber verdanken wir Italien die schönen Künste und unser künstlerisches Urteil, zu dessen Schulung es uns eine Reihe unvergleichlicher Vorbilder geboten hat.

Während die Künste und die Literatur bereits in Ehren standen, war für die Philosophie zu einer solchen Anerkennung noch ein weiter Weg, wenigstens vom Gesamtbild jeder Nation her gesehen; sie trat erst bedeutend später wieder in Erscheinung. Es ist letzten Endes nicht leichter, in der schönen Literatur Hervorragendes zu leisten als in der Philosophie, eine Überlegenheit läßt sich auf jedem Gebiete mit gleicher Schwierigkeit erringen. Aber eine Vertiefung in die antiken Schriften mußte schneller zum Aufwärtsstreben der schönen Literatur und des Kunstsinns beitragen als zur Entwicklung der Naturwissenschaften. Literarische Schönheiten werden empfunden, ohne vorher Gegenstand einer langen Betrachtung gewesen zu sein, und da die Menschen zunächst fühlen und erst dann denken, gewinnen sie zwangsläufig zuerst über ihr Gefühl und anschließend über ihre Gedankengänge ein kritisches Urteil. Übrigens waren die Alten bei weitem bessere Schriftsteller als Philosophen. Obwohl in der Reihenfolge unserer Ideen die ersten Denkvorgänge den ersten Regungen der Vorstellungskraft vorangestellt werden, arbeitet doch die Phantasie nach ihren ersten tastenden Versuchen bei weitem schneller als der Verstand: sie genießt den Vorteil, Dinge zu behandeln, die sie selbst erzeugt, wogegen der Verstand auf die ihm gegebenen Gegenstände beschränkt bleiben und jeden Augenblick überlegend innehalten muß, um sich nur zu oft in ergebnislosen Untersuchungen zu verausgaben. Aus dem Universum und aus den Ergebnissen eingehender Betrachtungen setzt sich das Elementarbuch des wirklichen Philosophen zusammen, und die antiken Meister hatten es zweifellos studiert: man mußte also unbedingt den gleichen Weg gehen; man konnte dieses Studium nicht einfach durch eine Beschäftigung mit ihren Werken ersetzen, die überdies zum großen Teil der Vernichtung anheimgefallen waren. Die auf uns überkommene kleine Anzahl im Lauf der Zeit verstümmelter Werke konnte uns über ein derart ausgedehntes Gebiet lediglich unsichere und stark entstellte Begriffe vermitteln.

Darüber hinaus stellte noch die das ganze vorgebliche Wissen jener Jahrhunderte der Unwissenheit in sich vereinende Scholastik einen Hemmschuh für den Fortschritt der wahren Philosophie in diesem ersten aufgeklärten Jahrhundert dar. Man hielt sozusagen seit grauer Vorzeit an der Überzeugung fest, daß man die aristotelische Lehre in voller Reinheit besäße, die von den Arabern kommentiert und durch tausend unsinnige oder läppische Zusätze entstellt worden war; und die Ehrfurcht für das Altertum ging so weit, daß man sich nicht einmal glaubte versichern zu müssen, ob diese finstere Philosophie wirklich diejenige des großen Mannes war. Daher glauben sehr viele in irrtümliche Anschauungen hineingeborene und durch Erziehung noch darin bestärkte Völker mit so aufrichtiger Überzeugung, auf dem Wege zur Wahrheit zu sein, daß in ihnen hierüber nie der leiseste Zweifel aufgestiegen ist. Daher war zu jener Zeit, als einige Schriftsteller in ihrem Wettstreit mit den griechischen Rednern und Dichtern schon an ihre Vorbilder herangekommen waren oder sie vielleicht bereits überwunden hatten, die griechische Philosophie, wenn sie auch Stückwerk war, noch kaum recht bekannt gewesen.

All diese falschen Voraussetzungen, die sich infolge einer blinden Bewunderung der Antike am Leben hielten, schienen noch eine Verstärkung zu erfahren durch den Mißbrauch, den einige wenige, aber mächtige Theologen mit der Unterwürfigkeit der Völker zu treiben wagten; ich betone: einige wenige, denn ich habe nicht im entferntesten die Absicht, gegen eine achtunggebietende und geistig hochstehende Körperschaft einen Tadel auszusprechen, der sich nur gegen einige ihrer Mitglieder richtet. Man hatte den Dichtern gestattet, in ihren Werken die heidnischen Götter zu besingen, in der durchaus richtigen Überzeugung, daß die Erwähnung der Namen dieser Gottheiten nur eine spielerische und gefahrlose Laune sein konnte. Wenn auch die Religion der Antike mit ihrer allseitigen Belebung der künstlerischen Phantasie ein weites Spielfeld eröffnete, war doch andrerseits ihre Glaubenslehre zu absurd, um die Wiedereinsetzung Jupiters oder Plutos durch eine Sekte von Neuerern befürchten zu lassen. Aber man fürchtete oder schien zumindest die Schläge zu fürchten, die eine blinde Vernunft dem Christentum hätte zufügen können. Sah man wirklich nicht, daß ein so schwacher Angriff keineswegs zu Befürchtungen Anlaß gab? Dem Christentum war als Sendung des Himmels an die Menschen die berechtigte und seit alters her von den Völkern bezeugte Verehrung für alle Zeiten von Gott selbst gesichert worden. So sinnlos übrigens eine Religion auch sein mag (ein Vorwurf, der gegen unseren Glauben nur von der Gottlosigkeit erhoben werden kann!), ist ihr Untergang doch nie den Philosophen zuzuschreiben; denn wenn diese auch die Wahrheit lehren, begnügen sie sich doch damit, sie zu zeigen und zwingen niemand, sie anzuerkennen. Eine solche Macht kommt nur dem Allmächtigen selbst zu. Die erleuchteten Männer klären das Volk auf; die begeisterten Schwärmer führen es in die Irre. Die notwendige Einschränkung der Zügellosigkeit dieser letzteren darf jedoch keinesfalls die für die wahre Philosophie unentbehrliche Freiheit beeinträchtigen, die der Religion großen Nutzen zu bringen vermag. Bereichert das Christentum die Philosophie um die ihr bisher fehlenden Einsichten, und kommt nur der göttlichen Gnade das Recht zur Unterwerfung der Ungläubigen zu, so ist der Philosophie das Recht vorbehalten, sie zum Schweigen zu bringen; und die erwähnten Theologen hätten den Triumph des Glaubens allein schon durch Anwendung derjenigen Waffen sichern können, die man gegen sie hatte anwenden wollen. Unter eben diesen Männern hatten jedoch einige ein sehr viel reelleres Interesse daran, Fortschritte der Philosophie zu verhindern. Von der falschen Voraussetzung ausgehend, daß der Glaube im Volke sich um so mehr festigt, je vielseitiger seine Gegenstände sind, begnügten sie sich nicht mit der Forderung, den Glaubensmysterien die gebührende Ehrerbietung entgegenzubringen; sie versuchten darüber hinaus, ihre eigenen Ansichten zum Dogma zu erheben und waren dabei mehr auf Sicherung dieser ihrer Überzeugungen als auf die Dogmen bedacht. Dadurch hätten sie der Religion einen außerordentlich schweren Schlag versetzt, wenn sie Menschenwerk gewesen wäre. Denn man mußte befürchten, daß das Volk, wenn es diese Glaubenssätze als falsch erkannt hätte, dann auch in der Behandlung der Wahrheit keinen Unterschied machte, mit der man jene hatte durchsetzen wollen.

Andere Theologen besserer Gesinnung, aber ebenso gefährlich, schlossen sich den ersteren aus anderen Gründen an. Obwohl die Religion ausschließlich zur Regelung unserer Sitten und unseres Glaubens bestimmt ist, hielten sie sie dafür geeignet, uns auch über die Weltordnung aufzuklären, also über diejenigen Gebiete, die uns der Allmächtige mit voller Absicht als Streitfragen überlassen hat. Sie bedachten nicht, daß die Heilige Schrift und die Bücher der Kirchenväter, die dem Volke wie auch dem Philosophen Religionsausübung und Glaubensfragen erläutern sollten, bei Besprechung von Alltagsfragen in der Volkssprache gehalten sein mußten. Die theologische Herrschsucht oder das kirchliche Vorurteil errangen indessen den Sieg. Im Süden Europas, in Indien und in der Neuen Welt war ein Gerichtshof zur Macht gelangt, der weder im Glauben verankert ist, noch von der Nächstenliebe gutgeheißen werden kann, sondern den die Religion eher verdammt, obwohl er sich aus ihren Vertretern zusammensetzt, und dessen Namen man in Frankreich noch heute nicht ohne Schaudern aussprechen kann. Dieses Gericht verurteilte einen berühmten Astronomen wegen seiner Behauptung, daß die Erde sich bewege, und erklärte ihn zum Ketzer. In ähnlicher Weise hatte einige Jahrhunderte früher der Papst Zacharias einen Bischof verurteilt, weil er über die Antipoden eine andere Anschauung vertreten hatte als der Heilige Augustinus und ihre Existenz sechs Jahrhunderte vor ihrer Entdeckung durch Christoph Columbus angenommen hatte. Auf diese Art zwang man durch den Mißbrauch der vereinten geistigen und weltlichen Autorität die Vernunft zum Schweigen; und es fehlte nicht viel, um der Menschheit auch das Denken zu verbieten.[22]

Während nun reichlich unwissende oder böswillige Gegner einen offenen Kampf gegen die Philosophie führten, zog diese sich sozusagen in die Schriften einiger großer Männer zurück, die, frei von dem gefährlichen Ehrgeiz, ihren Zeitgenossen die Binde von den Augen zu reißen, aus der Ferne und in aller Stille die Aufklärung vorbereiteten, von deren Licht die Welt allmählich und in unmerklichem Aufstieg erfaßt werden sollte.

An die Spitze dieser berühmten Persönlichkeiten gehört der unsterbliche Kanzler Englands, *Francis Bacon*, dessen Werke durchaus mit Recht in hoher Achtung stehen – allerdings werden sie mehr gewürdigt als gelesen! – und die doch in weit höherem Maße wert sind, gelesen, als einfach gelobt zu werden.

Bei einer Betrachtung der gesunden und weitblickenden Ansichten dieses großen Mannes, der zahlreichen Gebiete, denen sein Geist sich zuwandte, und der Kühnheit seines Stils, der stets die erhabensten Bilder mit strengster Genauigkeit in Einklang zu bringen verstand, könnte man in Versuchung geraten, ihn als größten, umfassendsten und wortgewaltigsten aller Philosophen anzusehen. Der im tiefsten Dunkel geistiger Nacht geborene Bacon empfand, daß eine eigentliche Philosophie noch gar nicht existierte, wenn auch viele Leute sich zweifellos einbildeten, Großes in ihr zu leisten. Denn je unkultivierter ein Jahrhundert ist, um so gebildeter glaubt es auf allen Wissensgebieten zu sein. Er betrachtete also zunächst die einzelnen Gegenstände aller Naturwissenschaften unter einem allgemeinen Gesichtspunkt; er teilte diese Wissenschaften in verschiedene Zweige ein und zählte sie mit möglichster Genauigkeit auf; er überprüfte das bisherige Wissen über jeden dieser Gegenstände und legte für alle noch verbleibenden Forschungen ein umfassendes Verzeichnis an. Hierin liegt der Zweck seines bewundernswürdigen Werkes »Über den Wert und das Wachstum der menschlichen Kenntnisse«. In seinem »Neuen Organon der Wissenschaften« erweitert er die im ersten Werk entwickelten Ansichten. Er führt sie weiter und macht auf die Notwendigkeit der Experimentalphysik aufmerksam, an die damals noch gar nicht zu denken war. Er ist ein Gegner aller Systeme und betrachtet die Philosophie lediglich als denjenigen Teil unseres Wissens, der zu unserer Besserung oder zu unserem Glück beitragen soll. Er scheint sie einschränkend als eine Wissenschaft des Nützlichen zu begreifen und empfiehlt immer wieder das Studium der Natur. Seine anderen Schriften liegen auf der gleichen Ebene; in allem, sogar in ihren Titeln, offenbart sich der geniale Mensch, der umfassende Geist. In ihnen sammelt er Tatsachen, vergleicht die bisherigen Versuche und zeigt auf, wie viele weitere noch unternommen werden müssen; er fordert die Gelehrten zu eingehender Beschäftigung mit den Künsten und zu ihrer Vervollkommnung auf, da er in ihnen den erhabensten und wesentlichsten Teil der menschlichen Wissenschaft sieht. Mit vornehmer Schlichtheit legt er seine »Vermutungen und Gedanken« über die verschiedenen, für die Menschen wissenswerten Gebiete auseinander, und wie jener Greis bei Terenz (»Humani nihil a me alienum puto«) hätte auch er behaupten können, daß nichts Menschliches ihm fremd sei. Naturwissenschaft, Moral, Politik, Ökonomie – in allem scheint dieser klare und tiefangelegte Geist Fachmann gewesen zu sein, und man weiß nicht, was man mehr bewundern soll: den Gedankenreichtum in jedem der von ihm behandelten Themen oder die Würde, mit der er über sie spricht. Den besten Vergleich mit seinen Schriften bilden diejenigen des Hippokrates über die Medizin, und man würde sie kaum weniger bewundern oder lesen als diese, wenn die geistige Kultur der Menschheit ebenso am Herzen läge wie die Erhaltung ihrer Gesundheit. Aber auf allen Gebieten erregen nur immer die Werke von Sektenführern aller Art ein gewisses Aufsehen. Zu diesen hat Bacon nicht gehört und auch die Art seiner Philosophie stand dem entgegen; sie war zu vernünftig, um irgendwen in Erstaunen zu versetzen. Die zu seiner Zeit herrschende Scholastik konnte nur durch neue, kühne Ansichten gestürzt werden, und offenbar war ein Philosoph, der sich damit begnügte, den Menschen zu sagen: »Hier ist das wenige, was ihr bisher erkannt habt, und dort seht ihr alles, was ihr noch erforschen müßt!« wenig dazu geeignet, unter seinen Zeitgenossen großes Aufsehen zu erregen. Wir würden dem Kanzler Bacon gegenüber sogar den leisen Vorwurf der allzu ängstlichen Zurückhaltung wagen, wenn wir nicht wüßten, welche Vorsicht und sozusagen ängstliche Gewissenhaftigkeit zur Beurteilung eines so erhabenen Genies gehören. Trotz seines Bekenntnisses, daß die Scholastiker mit ihren Haarspaltereien nerventötend auf die Wissenschaften gewirkt haben und daß der wissenschaftliche Geist das Studium der Gattungswesen demjenigen der Einzeldinge zuliebe aufgeben muß, scheint er doch durch häufige Anwendung scholastischer Schulausdrücke und bisweilen sogar scholastischer Grundsätze sowie durch damals gerade sehr beliebte Einteilungen und Unterteilungen dem herrschenden Geschmack seines Zeitalters fast zu starke Schonung und Willfährigkeit bewiesen zu haben. Dieser große Mann, der so viele Fesseln gesprengt hatte, wurde doch noch von einigen Bindungen zurückgehalten, die er nicht zu brechen vermochte oder wagte.

Wir erklären an dieser Stelle, daß wir vor allem dem Kanzler Bacon die bereits erwähnte enzyklopädische Übersichtstafel verdanken, die am Schluß dieser Vorrede zu finden ist. Wir haben dies schon an mehreren Stellen im »Prospekt« zugegeben; wir kommen auf dieses Bekenntnis zurück und werden es bei jeder Gelegenheit wiederholen. Wir haben es jedoch nicht für nötig gehalten, dem großen Manne, den wir hier als unseren Lehrmeister anerkennen, in jedem Punkte folgen zu müssen.

Wenn wir nicht, wie er, die Vernunft der Vorstellungskraft nachgestellt haben, so hat das seinen Grund in der von uns im enzyklopädischen System verfolgten metaphysischen Anordnung der Geistestätigkeiten, die wir der historischen Reihenfolge ihrer Fortschritte seit der Renaissance vorzogen. Vielleicht hatte der berühmte englische Kanzler diese Anordnung bis zu einem gewissen Grade im Auge, als er – wie er sich ausdrückt – die »Abschätzung und Aufzählung der menschlichen Kenntnisse« vornahm. Übrigens darf man bei der Verschiedenheit des Baconschen Plans von dem unsrigen und bei den inzwischen erzielten großen Fortschritten der Wissenschaften nicht überrascht sein, wenn wir gelegentlich andere Wege einschlugen.

Wir sind also, außer den Abweichungen in der Anordnung der allgemeinen Aufstellung, deren Gründe wir bereits darlegten, in den Unterteilungen in mancher Hinsicht noch weiter gegangen, vor allem im Abschnitt der Mathematik und der speziellen Physik. Andererseits haben wir jedoch eine so ausgedehnte bei ihm bis in die letzten Verzweigungen mancher Wissenschaften durchgeführte Einteilung vermieden. Derartige Verästelungen müssen in die eigentliche Enzyklopädie aufgenommen werden und hätten unserer Auffassung nach die allgemeine Übersicht nur unnötig belastet. Die Übersichtstafel des englischen Philosophen ist unmittelbar hinter unserem enzyklopädischen Stammbaum zu finden: das kürzeste und einfachste Mittel, um deutlich zu machen, was unser eigenes geistiges Eigentum ist und was wir Bacon entnommen haben.

Auf den Kanzler Bacon folgte der berühmte *Descartes*. Dieser hervorragende Mann, dessen Beurteilung in weniger als einem Jahrhundert solchen Schwankungen unterworfen war, verfügte über sämtliche zur Umgestaltung der Philosophie notwendigen Eigenschaften: starke Vorstellungskraft, einen logisch folgernden Geist, mehr selbsterworbene als angelesene Kenntnisse, viel Mut zur Bekämpfung der weitestverbreiteten Vorurteile und nicht die geringste Abhängigkeit, die ihn zur Schonung dieser vorgefaßten Meinungen hätte zwingen können. So erfuhr er auch noch zu seinen Lebzeiten, was im allgemeinen jedem Menschen begegnet, der einen starken Einfluß auf seine Mitmenschen ausübt: er gewann einige begeisterte Anhänger und besaß viele Feinde. Weil er seine Nation kannte oder einfach aus Mißtrauen hatte er sich in ein völlig freies Land zurückgezogen, um dort ungestörter seine Betrachtungen anstellen zu können. Wenn er auch viel weniger daran dachte, sich Anhänger zu schaffen als daran, sich solche zu verdienen, stöberte ihn doch die Verfolgungssucht auch aus seinem stillen Winkel auf, und sein Leben in der Verborgenheit konnte ihn davor nicht bewahren. Trotz allen zum Gottesbeweis angewandten Scharfsinnes wurde er der Gottesleugnung von Geistlichen angeklagt, die vielleicht selbst nicht an Gottes Existenz glaubten. Von den Ausländern gequält und verleumdet und von seinen Landsleuten ziemlich schlecht behandelt, starb er in Schweden, ohne zweifellos im entferntesten den glänzenden Erfolg geahnt zu haben, den seine Anschauungen eines Tages erleben sollten.

Man kann Descartes als Mathematiker oder als Philosophen ansehen. Die Mathematik, der er selbst anscheinend geringere Beachtung schenkte, bildet heute immerhin den sichersten und am wenigsten bestrittenen Teil seines Ruhmes. Die gewissermaßen von den Italienern erfundene und von unserem berühmten *Viète*[23] außerordentlich erweiterte Algebra hat unter Descartes' Händen neue Bereicherungen erfahren. Eine der beachtenswertesten Arbeiten ist seine »Methode des unbestimmten Koëffizienten«, ein sehr geistvoller und scharfsinniger Kunstgriff, den man seitdem für zahlreiche Forschungsarbeiten anzuwenden wußte. Vor allem ist der Name dieses großen Mannes jedoch durch seine Anwendung der Algebra auf die Geometrie unsterblich geworden, einer der umfassendsten und glücklichsten Einfälle, die der menschliche Geist je gehabt hat und der stets den Schlüssel zu den eingehendsten Untersuchungen nicht nur in der höheren Mathematik, sondern in allen mathematisch-physikalischen Wissenschaften darstellen wird.

Vielleicht war er als Philosoph ebenso groß; aber er hatte hier weniger Glück. Die Mathematik, die der Natur ihres Gegenstandes entsprechend immer nur an Boden gewinnen und nicht verlieren kann, mußte zwangsläufig in der Hand eines so großen Genies sehr bemerkenswerte und aller Welt ersichtliche Fortschritte machen. Die Philosophie war in völlig anderer Lage, hier mußte erst ein Anfang gemacht werden. Und wie mühsam sind auf jedem Gebiet die ersten Schritte! Das Verdienst, diese zu unternehmen, enthebt den betreffenden Menschen größerer Schritte. Wenn auch Descartes, der uns den Weg gebahnt hat, nicht soweit auf ihm vorgedrungen ist, wie seine Anhänger glauben, so hat ihm doch die Wissenschaft durchaus nicht so wenig zu danken, wie seine Gegner vorgeben. Seine »Methode« allein hätte genügt, ihn unsterblich zu machen. Seine »Dioptrik« ist die großartigste und schönste aller bisherigen Anwendungen der Mathematik auf die Physik, und schließlich sieht man überall in seinen Werken, auch in den jetzt am seltensten gelesenen, sein schöpferisches Genie glänzen. Bei einer unparteiischen Beurteilung seiner heute fast lächerlich anmutenden Wirbeltheorie wird man – so wage ich zu behaupten – zugeben müssen, daß man in jener Zeit etwas Besseres nicht ersinnen konnte. Die zur Verwerfung dieser Darlegung dienenden astronomischen Beobachtungen waren damals noch unvollkommen oder kaum bestätigt, nichts war also natürlicher als die Vermutung, daß ein Fluidum die Planeten in Bewegung hielte. Erst eine lange Reihe von Erscheinungen, Vernunftschlüssen und Berechnungen und infolgedessen eine lange Reihe von Jahren konnten zum Verzicht auf eine so verführerische Theorie führen. Diese besaß übrigens den besonderen Vorzug, die Schwerkraft der Körper durch die Zentrifugalkraft des Wirbels zu begründen; und ich schrecke nicht vor der Behauptung zurück, daß diese Erklärung der Schwerkraft zu den schönsten und geistreichsten in der Philosophie jemals aufgestellten Hypothesen gehört. Um sie aufzugeben, mußten die Physiker fast gegen ihren Willen durch die Theorie der Zentralkräfte und viel später gemachte Versuche überzeugt werden. Erkennen wir also an, daß Descartes in seiner Zwangslage, eine ganz neue Physik zu schaffen, keine bessere hätte ins Leben rufen können, daß man sozusagen erst durch die Wirbeltheorie hindurch zum tatsächlichen Weltsystem gelangen konnte, und daß Descartes, wenn er sich auch über die Bewegungsgesetze getäuscht hatte, doch als erster deren Existenz erraten hat.

Seine Metaphysik, die seiner Physik an Scharfsinn und Neuheit gleichkommt, hatte etwa das gleiche Schicksal wie diese und kann auch mit fast den gleichen Gründen gerechtfertigt werden; denn dieser große Mann hat heute das traurige Los, auf Apologeten angewiesen zu sein, nachdem er einst zahlreiche Anhänger besessen hatte. Zweifellos täuschte er sich in der Annahme der »eingeborenen Ideen«. Hätte er jedoch von der peripatetischen Schule die einzige von ihr gelehrte Wahrheit über den Ursprung der Ideen aus den Sinnen beibehalten, dann wären die gleich daneben liegenden Irrtümer, die diese Wahrheit herabziehen, vielleicht schwieriger auszurotten gewesen. Descartes hat es wenigstens gewagt, den Begabten zu zeigen, wie sie das Joch der Scholastik, der öffentlichen Meinung, der Autorität, kurz, der Vorurteile und der Barbarei abschütteln könnten, und durch diese Umwälzung, deren Früchte wir heute ernten, hat ihm die Philosophie einen wesentlicheren Dienst zu danken, als ihr alle seine berühmten Nachfolger vielleicht erwiesen haben. Man kann ihn als Anführer einer Verschwörung betrachten, der als erster den Mut zum Aufstand gegen eine despotische und willkürliche Macht aufbrachte und der in der Vorbereitung einer aufsehenerregenden Revolution den Grund zu einer gerechteren und glücklicheren Regierung legte, deren Einsetzung er nicht mehr erleben konnte. Wenn er zum Schluß für alles Erklärungen gefunden zu haben glaubte, hatte er doch anfangs in alles Zweifel gesetzt, und die Waffen, derer wir uns jetzt bedienen, um ihn zu bekämpfen, bleiben sein Eigentum, auch wenn wir sie gegen ihn richten. Übrigens ist man gelegentlich gezwungen, wenn widersinnige Ideen fest verwurzelt sind und man die Menschheit von ihnen befreien will, sie durch andere Irrtümer zu ersetzen, solange man keine bessere Lösung findet. Der menschliche Geist verlangt in seiner Unsicherheit und Eitelkeit stets nach einer Meinung, an die er sich klammern kann. Er gleicht einem Kinde, dem man ein Spielzeug geben muß, um ihm eine gefährliche Waffe wegzunehmen; es wird von selbst das Spielzeug fallen lassen, sobald es in das vernünftige Alter gekommen ist. Indem man die Philosophen oder diejenigen, die es zu sein glauben, so auf die falsche Spur bringt, lehrt man sie wenigstens, ihrer eigenen Einsicht zu mißtrauen: diese Verfassung ist der erste Schritt zur Wahrheit. Descartes ist daher zu seinen Lebzeiten so heftig verfolgt worden, als wäre er als Wahrheitsbringer zu den Menschen gekommen.

Dann endlich erschien *Newton*, dem *Huyghens*[24] den Weg geebnet hatte, und gab der Philosophie eine Form, die sie anscheinend behalten soll. Dieses große Genie begriff, daß die Zeit zur Ausmerzung aller Mutmaßungen und unsicheren Hypothesen in der Philosophie oder wenigstens zur Einschränkung auf ihren tatsächlichen Wert gekommen war und daß diese Wissenschaft allein auf Versuchen und auf der Mathematik aufgebaut werden dürfe. Vielleicht veranlaßte ihn diese Erwägung zu seiner ersten Erfindung der Unendlichkeitsrechnung und der Methode der unendlichen Reihen, deren Anwendung schon in der Geometrie selbst und vor allem zur Bestimmung der verwickelten Kräftewirkungen Verbreitung findet, die in der Natur beobachtet werden, in der sich alles in Form unendlicher Progression zu entwickeln scheint. Die Versuche mit der Schwerkraft führten gemeinsam mit den Beobachtungen *Keplers* den englischen Philosophen zur Entdeckung der Kraft, die die Planeten in ihren Bahnen hält. Er lehrte gleichzeitig mit der Erkenntnis der Ursachen ihrer Bewegung deren Berechnung mit einer Genauigkeit, die man erst nach jahrhundertelanger Arbeit hätte erwarten können. Als Schöpfer einer völlig neuen Optik brachte er den Menschen die Kenntnis des Lichtes dadurch, daß er es zerlegte. Alles, was wir außerdem noch zum Ruhm dieses großen Philosophen sagen könnten, bliebe weit hinter der allgemeinen Anerkennung zurück, die heute seinen kaum noch zu zählenden Entdeckungen und seinem umfassenden, richtig denkenden und gleichzeitig in die Tiefe dringenden Genie gezollt wird. Durch die Bereicherung der Philosophie um eine große Zahl wirklicher Werte ist ihm diese zweifellos zu tiefem Dank verpflichtet. Aber seine wichtigste Tat für die Philosophie war es vielleicht, ihr Zurückhaltung aufzuerlegen und jene ihr von Descartes unter zwingenden Umständen verliehene Kühnheit in vernünftigen Grenzen zu halten. Seine Welttheorie (ich möchte den Ausdruck »System« nicht anwenden) hat heute so allgemeine Anerkennung gefunden, daß man ihrem Urheber die Ehre ihrer Erfindung abzusprechen beginnt, weil man eben große Männer zuerst des Irrtums beschuldigt, um sie schließlich als Plagiatoren zu behandeln. Ich überlasse denjenigen, die schlechthin alles in den antiken Werken finden, das Vergnügen, in diesen Werken auch die Gravitation der Planeten zu entdecken, wenn sie auch nicht darin zu finden ist; aber wenn wir auch eine derartige Vorstellung bei den Griechen voraussetzen, dann ist sie doch bei ihnen noch ein gewagtes und unsicheres System gewesen, was unter den Händen Newtons Beweiskraft erhielt: in diesem nur ihm allein zuzuschreibenden Beweis liegt das wirkliche Verdienst seiner Entdeckung, und die Anziehungskraft wäre ohne eine solche Begründung eine Hypothese wie viele andere auch. Wenn ein beliebiger berühmter Schriftsteller den Einfall hätte, heute ohne jeden Beweis vorauszusagen, daß eines Tages die Herstellung von Gold gelänge, würde dieser Vorwand unsere Nachkommen berechtigen, dem Chemiker, der dieses Ziel erreichte, den Ruhm seiner großen Tat streitig zu machen? Und ist die Erfindung der Ferngläser deshalb weniger ausschließlich das Werk ihrer Entdecker, weil vielleicht mancher im Altertum es für nicht unmöglich hielt, daß wir eines Tages die Reichweite unseres Auges vergrößern könnten?

Andere Gelehrte wieder glaubten Newton einen viel begründeteren Vorwurf aus der Wiedereinführung der »verborgenen Qualitäten« (qualitates occultae) der Scholastiker und der alten Philosophen in die Physik zu machen. Sind die erwähnten Gelehrten indessen ganz sicher, ob diese zwei für die Scholastiker inhaltslosen Wörter, die zur Bezeichnung eines Wesens bestimmt waren, von dem sie den Begriff zu haben glaubten, für die antiken Philosophen nicht nur bescheiden ihrer Unwissenheit Ausdruck verleihen sollten? Newton, der doch die Natur studiert hatte, bildete sich nicht ein, mehr als jene von den letzten Ursachen der Erscheinungen zu wissen. Aber er wandte nicht die gleiche Ausdrucksweise an, um nicht den Unwillen einiger Zeitgenossen zu erregen, die in dieser unweigerlich einen anderen Sinn gesucht hätten. Er gab sich mit dem Beweis zufrieden, daß die Descartessche Wirbeltheorie die Bewegung der Planeten nicht begründen könne; daß die Naturerscheinungen und die mechanischen Gesetze sie gemeinsam unmöglich machten; daß es eine Kraft zur gegenseitigen Anziehung der Planeten gäbe, deren Ursachen uns völlig unbekannt seien. Er verwarf die Stoßtheorie keineswegs; er beschränkte sich auf die Forderung, sie zweckmäßiger als bisher zur Erklärung der Bewegung der Planeten anzuwenden. Seine Wünsche sind noch unerfüllt und werden es vielleicht noch lange bleiben. Welchen Schaden sollte er nun also der Philosophie zugefügt haben, wenn er uns Grund zu der Annahme gibt, daß die Materie bisher noch nie vermutete Eigenschaften besitzen könne, und wenn er uns von der lächerlichen Gutgläubigkeit befreit, daß uns diese alle schon bekannt seien?

Was die Metaphysik anbelangt, so scheint Newton auch sie nicht gänzlich vernachlässigt zu haben. Er war ein zu großer Philosoph, um nicht zu fühlen, daß sie die Grundlage unserer Kenntnisse darstellt und daß nur in ihr alle klaren und genauen Begriffe zu finden sind. Aus den Werken dieses gründlichen Mathematikers scheint sogar hervorzugehen, daß er zu solchen Begriffen über die wesentlichen Dinge, mit denen er sich beschäftigte, gekommen war. Er hat sich indessen fast vollkommen einer Stellungnahme dazu in seinen bekanntesten Schriften enthalten – vielleicht, weil er mit seinen sonstigen Fortschritten in der Metaphysik selbst wenig zufrieden war, oder, weil er es für schwierig hielt, der Menschheit durchaus zufriedenstellende oder möglichst umfassende Aufklärungen über eine nur zu ungewisse und umstrittene Wissenschaft zu geben; oder aber er fürchtete einen Mißbrauch seiner Metaphysik unter dem Schutze seiner Autorität, wie man ihn auch bei Descartes getrieben hatte, um gefährliche oder irrtümliche Meinungen aufrechtzuerhalten. Man kann seine Gedanken über die verschiedenen Gebiete dieser Wissenschaft lediglich aus den Werken seiner Schüler erfahren. Da er also in diesem Punkt keine umwälzenden Erneuerungen hervorgebracht hat, wollen wir davon absehen, ihn von dieser Seite zu betrachten.

Was Newton nicht gewagt oder vielleicht nicht gekonnt hatte, unternahm nun *Locke* und führte es erfolgreich aus.[25] Man kann behaupten, daß er die Metaphysik schuf, ungefähr in der Art, wie Newton die Physik geschaffen hatte. Er begriff, daß die bisher behandelten Abstraktionen und lächerlichen Fragen, in denen man beinahe das Wesen der Philosophie gesehen hatte, als erstes sofort aus ihr gestrichen werden müßten. Er suchte und fand in diesen Abstraktionen und im Mißbrauch der Bezeichnungen die wesentlichste Ursache unserer Irrtümer. Zur Erforschung unserer Seele mit ihren Ideen und Affekten vertiefte er sich nicht in Bücher, die ihn ja nur schlecht unterrichtet haben würden: er gab sich mit gründlicher Selbstforschung zufrieden. Nachdem er sich sozusagen lange genug angeschaut hatte, hielt er in seiner »Abhandlung über den menschlichen Verstand« den Menschen nur den Spiegel vor, in dem er sich selbst betrachtet hatte. Kurz, er führte die Metaphysik auf ihre wirkliche Seinsbestimmung zurück, auf eine Experimentalphysik der Seele, die sich von der Physik der Körper nicht nur durch ihren Gegenstand, sondern auch durch ihre Betrachtungsweise grundlegend unterscheidet. In dieser kann man bisher unbekannte Erscheinungen entdecken, und entdeckt sie auch häufig; in der Seelenkunde finden sich die seit Bestehen der Welt vorhandenen Tatsachen gleichmäßig bei allen Menschen: wer hier Neues zu sehen glaubte, dem ist nicht zu helfen. Die verstandesmäßig begriffene Metaphysik kann wie die Experimentalphysik nur in sorgfältiger Sammlung aller dieser Tatsachen, in ihrer Zusammenfassung in ein Ganzes, in ihrer gegenseitigen Bedingtheit und in der Unterstreichung derjenigen bestehen, die als grundlegend vorangestellt werden müssen. Kurz, die Grundlehren der Metaphysik sind ebenso einfach wie die Axiome und für Philosophen und Volk die gleichen. Der geringe Fortschritt dieser Wissenschaft in einem so langen Zeitraum zeigt jedoch, wie selten diese Grundsätze erfolgreich angewandt werden können, teils wegen der Schwierigkeit einer solchen Arbeit und vielleicht auch wegen der begreiflichen Ungeduld, die uns nicht in deren Grenzen bleiben läßt. Trotzdem ist der Titel eines Metaphysikers und sogar eines großen Metaphysikers in unserem Jahrhundert noch ziemlich geläufig; denn wir gehen gern verschwenderisch mit allem um: aber wie wenig Menschen sind eines solchen Namens wirklich würdig! Wieviele »verdienen« ihn nur wegen ihres unseligen Talentes, klare Begriffe mit viel Spitzfindigkeit zu verdrehen und in ihren Formulierungen das Ausgefallene dem Wahren, das doch immer einfach ist, vorzuziehen! Nach alledem darf man nicht erstaunt sein, wenn die meisten der sogenannten Metaphysiker nicht viel voneinander halten. Ich hege keinen Zweifel, daß dieser Titel bald zu einem Schimpfwort für unsere Denker herabsinken wird, wie auch der Name »Sophist«, der doch »Weiser« bedeutet, in Griechenland durch seine Träger entwürdigt und deshalb von den wahren Philosophen abgelehnt wurde.

Aus dieser geschichtlichen Darstellung ziehen wir nun den Schluß, daß England uns den Ausgangspunkt jener Philosophie verdankt, die wir später von dort wieder übernommen haben. Vielleicht ist zwischen den substantiellen Formen und der Wirbeltheorie ein weiterer Weg als von dieser zur allgemeinen Schwerkraft, wie auch vielleicht zwischen der reinen Algebra und dem Gedanken ihrer Anwendung auf die Geometrie ein größerer Abstand besteht als zwischen dem Barrowschen kleinen Dreieck[26] und der Differentialrechnung.

Dies wären die wichtigsten großen Männer, die der menschliche Geist als Vorbilder betrachten muß und denen man in Griechenland Statuen errichtet hätte selbst unter der Voraussetzung, den für ihre Aufstellung erforderlichen Platz durch Niederreißung einiger Erobererdenkmäler zu sichern.

Der Rahmen dieser Einführung läßt die Besprechung einiger berühmter Philosophen nicht zu, die, auch ohne eine so weite Zielsetzung wie die anderen von uns erwähnten, doch unermüdlich durch ihre Arbeit viel zur Weiterentwicklung der Wissenschaften beigetragen und sozusagen einen Zipfel des Schleiers gelüftet haben, der uns die Wahrheit verhüllte. Zu ihnen gehören *Galilei*, dem die Geographie sehr viel für seine astronomischen Entdeckungen und die Mechanik für die Theorie der Beschleunigung zu verdanken haben;

Harvey[27], der durch die Entdeckung des Blutkreislaufs unsterblich geworden ist; *Huyghens*, den wir bereits erwähnten und der sich durch geist- und kraftvolle Werke große Verdienste um Mathematik und Physik erworben hat; *Pascal*[28] als Verfasser einer Abhandlung über die Zykloide, die für ein Wunder an Scharfsinn und Durchblick gelten kann, und als Autor einer Schrift über das Gesetz der kommunizierenden Röhren und den Luftdruck, die uns eine neue Wissenschaft erschlossen hat: ein universaler und überragender Geist, nach dessen Fähigkeiten sich die Philosophie nur immer wieder zurücksehnen würde, wenn die Religion sie nicht zu ihrem Nutzen verwendet hätte; *Malebranche*[29], der die Sinnestäuschungen so gut enthüllt und die Irrtümer der Vorstellungskraft so gut erkannt hat, als ob ihn seine eigene nicht oft genug betrogen hätte; *Boyle*, der Vater der Experimentalphysik; und schließlich noch viele andere, unter denen sich ein *Vesalius*, *Sydenham*, *Boerhaave* herausheben, und eine unendliche Zahl von Anatomen und berühmten Physikern.[30]

Unter diesen großen Männern darf einer, dessen Philosophie heute im nördlichen Europa sehr anerkannt und gleichzeitig auch angegriffen wird, keinesfalls mit Schweigen übergangen werden: es ist der berühmte *Leibniz*. Selbst wenn nur der Ruhm oder auch die Vermutung für ihn spräche, gemeinsam mit Newton die Differentialrechnung erfunden zu haben, würde er schon dafür eine ehrenvolle Erwähnung verdienen. Aber wir wollen ihn vor allem als Metaphysiker betrachten. Wie Descartes scheint er die Unzulänglichkeit aller bisherigen Lösungen der höchsten Probleme – Verbindung von Körper und Seele, Vorsehung, Beschaffenheit der Materie – erkannt zu haben. Er scheint sogar den Vorzug besessen zu haben, nachdrücklicher als jeder andere die Schwierigkeiten in der Aufrollung dieser Fragen darzulegen. Er war jedoch weniger vorsichtig als Locke und Newton und ließ es nicht bei der Äußerung von Zweifeln bewenden: er versuchte, sie zu lösen und bewies hierbei kaum eine glücklichere Hand als Descartes. Sein an sich sehr schöner und wahrer Grundsatz des »zureichenden Grundes« scheint für so wenig über die letzten Hintergründe aller Dinge klarsehende Menschen wie wir kaum von großem Wert zu sein; seine *Monadenlehre* beweist höchstens, daß er klarer als alle anderen die Unmöglichkeit erkannt hat, eine deutliche Vorstellung von der Materie zu gewinnen, aber sie scheint selbst auch nicht in der Lage zu sein, sie uns zu vermitteln. Seine »praestabilierte Harmonie« scheint die Descartessche Auffassung über das Verhältnis von Körper und Geist nur noch mehr zu komplizieren; sein System des *Optimismus* endlich ist durch seinen angeblichen Vorzug, alles erklären zu können, vielleicht eine Gefahr. Dieser große Mann scheint der Metaphysik weniger Klarheit als Scharfsinn gebracht zu haben; aber wie man auch über diesen Punkt denken mag, man kann der Weite seiner Anschauungen auf allen Gebieten, der ans Wunderbare grenzenden Ausdehnung seiner Kenntnisse und vor allem dem wahrhaft philosophischen Geist, mit dem er sie erhellt hat, die verdiente Bewunderung nicht versagen.

Wir schließen mit der für Philosophen kaum überraschenden Bemerkung ab, daß die von uns besprochenen großen Männer zu ihren Lebzeiten fast nie das Gesicht der Wissenschaft verändert haben. Wir haben bereits gesehen, warum Bacon nicht Haupt einer philosophischen Schule gewesen ist, und können zu den bereits angeführten Gründen noch zwei weitere nennen. Dieser große Philosoph hat mehrere seiner Schriften in einer ihm von seinen Feinden auferlegten Zurückgezogenheit verfaßt, und die Unannehmlichkeiten, die sie ihm als Staatsmann machten, mußten sich fraglos auch auf ihn als Schriftsteller auswirken. Außerdem hat er in seiner ausschließlichen Absicht, sich der Gesellschaft nützlich zu machen, vielleicht doch zu viele Gebiete gleichzeitig in Angriff genommen, als daß sich seine Zeitgenossen auf einmal über so zahlreiche Fragen hätten aufklären lassen wollen. Man gesteht den großen Geistern nicht gern ein so großes Wissen zu; man möchte zwar auf einem begrenzten Gebiete etwas von ihnen lernen, will sich aber nicht zwingen lassen, alle seine Ideen auf die ihren umzustellen. Auch aus diesem Grunde hatten teilweise die Werke Descartes' nach seinem Tode in Frankreich mehr unter Verfolgungen zu leiden, als ihr Verfasser zu seinen Lebzeiten in Holland hatte erdulden müssen; und nur mit großer Besorgnis wagte die Schulphilosophie es endlich, eine Naturlehre zuzulassen, die ihrer Meinung nach zu Moses in vollkommenem Gegensatz stand. Newton hat zwar von seinen Zeitgenossen weniger Widerspruch erfahren; vielleicht hatten die mathematischen Entdeckungen, mit denen er zunächst herauskam und deren Originalität und Realität unbestreitbar waren, die Menschen an Bewunderung für ihn gewöhnt und zu Huldigungen geführt, die weder in überraschender noch in gezwungener Form auftraten; vielleicht hatte auch seine Überlegenheit den Neid zum Schweigen gebracht; oder aber, wenn uns dieser Grund auch weniger glaubhaft erscheint, er hatte es mit einer Nation zu tun, die weniger ungerecht war als die anderen. Er hatte das seltene Glück, die allgemeine Anerkennung seiner Philosophie in England noch selbst zu erleben und in allen Landsleuten Anhänger und Bewunderer zu haben. Im übrigen Europa war man indessen von einer so freundlichen Aufnahme seiner Werke weit entfernt. In Frankreich waren sie nicht nur unbekannt: dort herrschte noch die scholastische Philosophie, als Newton bereits die cartesianische Naturlehre überwunden hatte, und die Wirbeltheorie war abgetan, bevor ihre Annahme überhaupt erwogen worden war! Dann aber hielten wir ebenso lange an ihr fest, wie wir zu ihrer Anerkennung gebraucht hatten. Man braucht nur unsere Bücher aufzuschlagen, um mit Erstaunen festzustellen, daß man in Frankreich erst vor kaum dreißig Jahren mit der Abwendung vom Cartesianismus begonnen hat. Der erste, der sich bei uns offen als Anhänger Newtons zu erklären gewagt hat, ist der Verfasser des »Discours sur la formation des astres«, der neben ausgedehnten mathematischen Kenntnissen auch über philosophischen Geist – eine nicht sehr häufige Verbindung – und über eine schriftstellerische Begabung verfügt, die jeden Verdacht einer schädlichen Wirkung seiner Lehren zerstreuen, sobald man seine Werke gelesen hat.

Maupertuis[31] behauptete, man könne ein guter Staatsbürger sein, ohne die in seinem Lande herrschende Naturwissenschaft blindlings zu übernehmen, und er bewies im Kampf gegen diese einen Mut, den wir dankbar anerkennen müssen. Tatsächlich hält unsere Nation im Gegensatz zu ihrer außerordentlich starken Neuerungssucht in Geschmacksfragen auf dem Gebiet der Wissenschaft sehr an alten Anschauungen fest. Zwei anscheinend so verschiedene Neigungen haben ihre gemeinsame Grundlage in verschiedenen Gründen, vor allem in der leidenschaftlichen Genußfreudigkeit, die den Grundzug unseres Wesens zu bilden scheint. Alles, was das *Gefühl* angeht, will nicht erst lange gesucht werden und verliert seinen Reiz, sobald es nicht griffbereit ist. Aber schnell genug erlischt der brennende Eifer, mit dem wir uns ihm widmen, und die im Augenblick der Erfüllung schon übersättigte Seele wendet sich einem neuen Gegenstand zu, um auch diesen dann wieder zu verlassen. Der *Geist* dagegen gelangt nur nach langem Überlegen zum Ziel seines Strebens, aber aus diesem Grunde will er auch ebenso lange Freude daran haben, wie er vorher danach gesucht hat, vor allem, wenn es sich um eine Philosophie aus Hypothesen und Vermutungen handelt, die viel reizvoller ist als streng genaue Berechnungen und Folgerungen. Die Physiker hängen mit demselben Eifer und aus denselben Beweggründen an ihren Theorien wie die Handwerker an ihren Arbeitsmethoden und haben in dieser Hinsicht mehr Ähnlichkeit mit dem Volke, als ihnen selbst bewußt wird. Wir wollen also Descartes Achtung erweisen, aber ohne Bedauern diejenigen Anschauungen aufgeben, die er hundert Jahre später selbst angegriffen hätte. Vor allem wollen wir aber seine Sache nicht mit derjenigen seiner Anhänger verwechseln. Eine solche Genialität bei der Suche nach einem neuen, wenn auch trügerischen Weg in der dunkelsten Nacht hat nur er bewiesen; seine ersten kühnen Nachfolger in dieser Finsternis haben immerhin Mut gezeigt; aber es dürfte kaum rühmlich sein, noch jetzt, wo der Weg in hellem Licht liegt, auf seinen Spuren umherzuirren. Von den wenig zahlreichen Gelehrten, die seine Lehre noch heute vertreten, hätte er selbst diejenigen abgelehnt, die nur aus unselbständiger Gebundenheit an die Lehren ihrer Kindheit oder aus irgendeinem nationalen Vorurteil zur Schande der Philosophie an ihm festhalten. Aus solchen Motiven kann man der letzte seiner Anhänger sein, aber keinesfalls das Verdienst erwerben, an der Spitze seiner Jünger zu stehen, oder man hätte eher zu seinen Gegnern gezählt, solange dies noch ungerechtfertigt war. Um das Recht zur Bewunderung der Fehler eines großen Mannes zu haben, muß man sie zu erkennen vermögen, sobald die Zeit sie als solche ausweist. Die gewöhnlich für schlechte Richter gehaltenen jungen Leute sind in der Philosophie und auf vielen anderen Gebieten vielleicht die besten Kritiker, soweit sie nicht ganz ohne Verstand sind; denn da für sie alles neu ist, liegt ihr einziges Interesse in einer richtigen Wahl.

Die jungen Mathematiker haben denn auch tatsächlich in Frankreich wie im Ausland das Schicksal der beiden philosophischen Anschauungen entschieden. Die alte Lehre ist so geächtet, daß ihre unermüdlichsten Verfechter die Wirbeltheorie nicht einmal mehr zu nennen wagen, von der einst ihre Werke erfüllt waren. Sollte der

Newtonismus eines Tages aus irgendwelchen Gründen mit oder ohne Berechtigung beseitigt werden, dann würden seine heute zahlreichen Vertreter zweifellos dieselbe Rolle übernehmen müssen, die sie vorläufig von anderen spielen lassen. Das liegt in der Natur des Menschen und ist eine Folge der Eigenliebe, von der die Philosophen ebenso beherrscht werden wie die anderen Menschen auch, und ebenso der Widersprüche, die alle wirklichen oder auch nur scheinbaren Entdeckungen über sich ergehen lassen müssen.

Locke ist es ähnlich wie Bacon, Descartes und Newton ergangen. Nachdem man ihn über den Namen eines Rohault oder Régis[32] lange Zeit vergessen hatte und er der Allgemeinheit noch heute ziemlich unbekannt ist, gewinnt er bei uns endlich Leser und auch einige Anhänger. Fast immer bleibt die Arbeit berühmter Männer infolge ihrer Überlegenheit über die eigene Zeit eben für ihr Jahrhundert ohne Nutzen: erst den folgenden Generationen bleibt die Ernte ihrer fruchtbaren Erkenntnisse vorbehalten. Die Revolutionäre der Wissenschaft können sich daher kaum jemals des wohlverdienten Ruhmes freuen; ganz mittelmäßige Menschen reißen ihn an sich, weil die großen Männer sich ihrer eigenen Größe überlassen, die Durchschnittsmenschen sich jedoch dem Volkscharakter anpassen. Allerdings bietet das Bewußtsein ihrer Überlegenheit, dem die großen Männer sich selbst nicht entziehen können, einen ausreichenden Ersatz für den Beifall der großen Menge. Es erhält seine Kraft aus sich selbst; und die so leidenschaftlich ersehnte Berühmtheit soll oft genug nur die Durchschnittsbegabten über die Vorteile hinwegtrösten, die das Talent ihnen voraushat. Tatsächlich kann man behaupten, daß die alles an die Öffentlichkeit zerrende Fama in ihren Berichten häufiger vom Hörensagen als von Selbsterlebtem ausgeht und daß die Dichter ihr mit dem hundertfachen Mund gleichzeitig auch eine Augenbinde hätten geben sollen.

Die Philosophie als Verkörperung des herrschenden Zeitgeschmacks scheint durch ihre modernen Fortschritte alle verlorene Zeit wieder einholen und sich für die Nichtachtung rächen zu wollen, mit der unsere Vorfahren ihr gegenüberstanden. Diese Geringschätzung hat man heute auf die Gelehrsamkeit übertragen und ihr durch diesen Wechsel ihres Gegenstandes keineswegs größere Rechtfertigung verliehen. Man glaubt, aus den antiken Werken bereits alles Wissenswerte herausgeholt zu haben, und würde diejenigen, die sie noch heranziehen wollen, daraufhin einer solchen Mühe entheben. Man betrachtet anscheinend die Antike wie ein Orakel, das bereits alles ausgesagt hat und nun nicht mehr befragt zu werden braucht; und von der Wiederherstellung einer Textstelle macht man kaum soviel Aufhebens wie von der Entdeckung eines kleinen Äderchens im menschlichen Körper. Aber ebenso lächerlich wie die Annahme, daß es in der Anatomie nichts mehr zu entdecken gäbe, weil die Anatomen sich gelegentlich mit scheinbar unnötigen Forschungen befassen, deren Nützlichkeit sich erst später herausstellt, so sinnlos wäre ein etwaiges Verbot der Philologie unter dem Vorwande zu unwichtiger Forschungsarbeit, der unsere Gelehrten sich dabei zu widmen scheinen. Nur Unwissenheit oder Anmaßung kann zu der Annahme führen, daß auf irgendeinem Gebiete bereits alles bekannt sei und daß wir aus dem Studium und der Lektüre der antiken Schriftsteller keinerlei Nutzen mehr zu ziehen vermöchten.

Die Gewohnheit, heute alles in der Volkssprache zu schreiben, hat zweifellos diese irrige Meinung noch bestärkt und ist vielleicht noch schädlicher als das Vorurteil selbst. Nach der Ausbreitung unserer Sprache in ganz Europa glaubten wir den Zeitpunkt gekommen, sie anstelle der lateinischen Sprache einzusetzen, die seit der Renaissance die Gelehrtensprache gewesen war. Ich gestehe, daß ein französisch schreibender Philosoph weit eher zu entschuldigen ist als ein Franzose, der lateinische Verse schreibt; ich will auch zugeben, daß dieser Brauch zur allgemeinen Ausbreitung des Wissens beigetragen hat, wenn man indes wirklich die räumliche Verbreitung des Geistes eines Volkes einer Erweiterung seiner geistigen Fähigkeiten gleichsetzen kann. Es ergibt sich aus alledem jedoch ein Übelstand, den wir hätten voraussehen müssen. Die Gelehrten anderer Nationen glaubten nach unserem Vorbild nun durchaus mit Recht, in ihrer eigenen Sprache noch besser schreiben zu können als in der französischen. England folgte also unserem Beispiel, Deutschland, wohin das Lateinische sich anscheinend geflüchtet hat, beginnt unmerklich, es seltener anzuwenden. Zweifellos werden die Schweden, Dänen und Russen bald folgen. So wird also noch vor dem Ende des 18. Jahrhunderts ein Philosoph, wenn er sich über die Entdeckungen seiner Vorgänger gründlich unterrichten will, zur Belastung seines Gedächtnisses mit sieben oder acht verschiedenen Sprachen verurteilt sein, und nachdem er mit deren

Erlernung die kostbarste Zeit seines Lebens vertan hat, wird er vor dem Beginn seiner eigentlichen Forschungsarbeit sterben. Die Anwendung der lateinischen Sprache ist auf künstlerischem Gebiet, wie wir aufgezeigt haben, zwar lächerlich, würde jedoch in philosophischen Werken von größtem Vorteil sein können, die sich durch Klarheit und Genauigkeit auszeichnen müssen und nur einer allgemeinen und auf Vereinbarung beruhenden Sprache bedürfen. Eine Wiederherstellung des alten Brauches wäre also erstrebenswert, wenn auch keine Hoffnung darauf besteht.

Der von uns beklagte Übelstand bietet der Eitelkeit und Trägheit zuviele Annehmlichkeiten, um ausgerottet werden zu können. Die Philosophen wollen wie die übrigen Schriftsteller gelesen werden, und zwar vor allem von ihrem eigenen Volke. Bei Anwendung einer weniger vertrauten Sprache würden sich weniger Stimmen zu ihrem Lobe finden, und kaum jemand könnte sich rühmen, sie zu verstehen. Allerdings würden sie bei weniger Bewunderern bessere Kritiker finden, aber ein solcher Vorteil spricht sie weniger an, weil der Ruhm mehr nach der Zahl der Bewunderer fragt als nach ihrem Werte.

Zum Ausgleich dafür – denn man soll nichts übertreiben – haben anscheinend unsere wissenschaftlichen Bücher alle Vorzüge erlangt, die bisher nur den Werken der schönen Literatur zuzukommen schienen. Ein beachtenswerter Schriftsteller, der glücklicherweise eine lange Zeit in unserem Jahrhundert gelebt hat und dessen verschiedene Werke ich hier gern loben würde, wenn ich mich nicht auf seine Betrachtung als Philosoph beschränken müßte, hat den Gelehrten den Weg zum Abschütteln des Jochs der Pedanterie gewiesen.[33] Durch seine überlegene Kunst, auch die abstraktesten Ideen klar herauszustellen, hat er mit sicherer Methode, Genauigkeit und Klarheit diese Gedanken auch denjenigen nahezubringen verstanden, deren Geist für ihr Verständnis am wenigsten geeignet schien. Er hat sogar die Anwendung anscheinend völlig wesensfremder Figuren auf die Philosophie gewagt, die diese strengstens zu vermeiden schien, und diese Kühnheit hat ihre Rechtfertigung in einem ganz allgemeinen und äußerst schmeichelhaften Erfolg gefunden. Aber wie alle originellen Schriftsteller hat er alle, die glaubten, ihn nachahmen zu können, weit hinter sich gelassen.

Der Verfasser der »Histoire naturelle« hat einen ganz anderen

Weg verfolgt. Im Wetteifer mit Platon und Lukrez hat er in seinem Werk, dessen Ruhm von Tag zu Tag wächst, jenen vornehmen und erhabenen, für philosophische Abhandlungen so gut geeigneten Stil angewandt, der die Schriften eines weisen Mannes als Spiegelbild seines Inneren erscheinen lassen soll.[34]

Die Philosophie hat jedoch neben ihrer Absicht, Gefallen zu erregen, ihre belehrende Aufgabe nicht zu vergessen: aus diesem Grunde ist die Neigung zur Aufstellung gewisser Systeme, die eher die Vorstellungskraft befriedigen als aufklärend wirken, fast ganz aus den wertvollen Werken verschwunden. Einer unserer besten Philosophen scheint ihr den Todesstoß versetzt zu haben.* Diese Vorliebe für Hypothesen und Mutmaßungen mochte einst von großem Nutzen und sogar notwendig für die Wiederbelebung der Philosophie gewesen sein, denn damals handelte es sich noch weniger um folgerichtiges Denken als darum, überhaupt selbständig denken zu lernen. Aber die Zeiten haben sich geändert, und ein Schriftsteller käme heute mit einer Anpreisung der philosophischen Systeme zu spät. Die geringen Vorteile, die jene Neigung jetzt noch bieten könnte, wiegen die daraus entstehenden Nachteile nicht auf; und wenn man die Nützlichkeit der Systeme auf Grund der herzlich wenigen früheren Entdeckungen beweisen will, die auf sie zurückgehen, dann könnte man mit gleicher Berechtigung unseren Mathematikern zur Beschäftigung mit der Quadratur des Kreises raten, denn die Anstrengungen einiger von ihnen, diese zu beweisen, haben zur Aufstellung einiger Lehrsätze geführt. Der Systemgeist bedeutet für die Naturwissenschaft dasselbe wie die Metaphysik für die Geometrie. Er ist zwar gelegentlich notwendig, um uns den richtigen Weg zu weisen, vermag uns jedoch fast nie aus sich selbst zur Erkenntnis zu führen. Seine aus der Naturbeobachtung gewonnenen Kenntnisse lassen ihn die Ursachen der Naturerscheinungen zwar vermuten: aber der Beweis des Vorhandenseins solcher Gründe bleibt der Berechnung vorbehalten, die genau ihre möglichen Wirkungen bestimmt und diese wieder mit den anderen vergleicht, die wir durch praktische Erfahrung gewonnen haben. Eine Hypothese kann ohne solche Hilfsmittel kaum jemals den in den Naturwissen-

* Anm. d'Alemberts: Der Abbé Condillac von der Königlich Preußischen Akademie der Wissenschaften in seiner »Abhandlung über die Systeme«.

schaften immer angestrebten Grad von Gewißheit gewinnen, der doch in jenen dreisten Vermutungen, die man mit dem Namen »System« beehrt, recht selten zu finden ist. Wenn es nur »Systeme« dieser Art gäbe, dann würde genaugenommen das Hauptverdienst eines jeden Naturforschers darin bestehen, Systemgeist zu besitzen, jedoch nie Systeme aufzustellen. Wie gefährlich die Anwendung von Systemen auch in den anderen Wissenschaften ist, hat die Erfahrung tausendfach bewiesen.

Die Physik ist also ausschließlich auf Beobachtungen und Berechnungen beschränkt, die Medizin auf die Entwicklungsgeschichte des menschlichen Körpers, seiner Krankheiten und deren Heilmittel; die Naturgeschichte auf die eingehende Beschreibung der Pflanzen, Tiere und Mineralien; die Chemie auf die experimentelle Zusammensetzung und Zerlegung der Körper; kurz, alle Wissenschaften sollen nach Möglichkeit auf Tatsachen und auf daraus abgeleitete Folgerungen begrenzt bleiben und der persönlichen Ansicht nur im Notfall Raum geben. Ich spreche dabei nicht von der Mathematik, der Astronomie und der Mechanik, die an sich schon zu immer größerer Vervollkommnung bestimmt sind.

Auch mit den besten Dingen wird Mißbrauch getrieben. Der heute so beliebte philosophische Geist, der in allem klarsehen und sich nicht auf Vermutungen einlassen will, hat sich selbst in der schönen Literatur verbreitet. Man behauptet sogar, daß er ihrer Weiterentwicklung schadet, und kann dies auch kaum bestreiten. Unser zur Berechnung und Analyse neigendes Jahrhundert scheint kühle und lehrhafte Diskussionen auch in die Gefühlswelt einführen zu wollen. Die Leidenschaften und der Geschmack haben zwar auch ihre eigene Logik, aber diese unterscheidet sich grundlegend von den Prinzipien der üblichen Logik: diese Prinzipien müssen aus unserem inneren Empfinden abgeleitet werden, und wir wollen zugeben, daß eine Allerweltsphilosophie hierzu wenig geeignet sein dürfte. Diese beschäftigt sich ausschließlich mit der Untersuchung von Wahrnehmungen bei ruhiger Seelenverfassung und kann deren Schattierungen wesentlich leichter feststellen als die verschiedenen Nuancen unserer Leidenschaften oder der uns lebhaft erregenden Gefühle überhaupt. Und wie schwierig muß es sein, Gefühle dieser Art richtig zu analysieren! Man muß sich einerseits in einen leidenschaftlichen Zustand versetzen, um diese Gefühle kennenzulernen, und kann auf der anderen Seite während der Zeit eines seelischen Affektes am wenigsten an deren Studium denken. Allerdings muß man zugeben, daß diese kritische Neigung zur Befreiung unserer Literatur von der blinden Bewunderung des Altertums beigetragen und uns befähigt hat, an ihm nur diejenigen Schönheiten hochzuschätzen, die wir auch in modernen Werken bewundern müßten. Vielleicht verdanken wir aber dieser gleichen Quelle auch jene undefinierbare Metaphysik des Herzens, die sich auf unseren Theatern breitmacht; wenn man sie auch nicht ganz daraus verbannen sollte, so darf man ihr jedoch keinesfalls großen Spielraum gewähren.[35] Diese Seelenanatomie hat sich sogar in unsere Unterhaltung eingeschlichen, in der man nicht mehr plaudert, sondern gelehrte Abhandlungen zum besten gibt; und so hat unsere Geselligkeit ihren Hauptreiz – Wärme und unbefangene Fröhlichkeit – verloren.

Wir brauchen daher nicht erstaunt zu sein, wenn unsere geistigen Erzeugnisse denen des vorigen Jahrhunderts im allgemeinen unterlegen sind. Den Grund dafür kann man sogar gerade in den Anstrengungen finden, mit denen wir unsere Vorgänger zu überbieten versuchen. Der Sinn für die Literatur und die Schriftstellerei weisen in kurzer Zeit außerordentliche Fortschritte auf, sobald man einmal auf dem richtigen Wege ist: hat ein großes Genie erst einen Blick auf das Schöne werfen können, dann wird ihm auch schon dessen ganze Bedeutung bewußt. Die Nachahmung der schönen Natur scheint jedoch nur in gewissen Grenzen möglich zu sein, bis zu denen eine oder höchstens zwei Generationen bald genug vordringen. Der dann folgenden Generation bleibt nur die Wiederholung übrig, aber sie gibt sich mit diesem Anteil nicht zufrieden; die ererbten Reichtümer berechtigen sie zu dem Wunsch, diese noch zu vermehren; sie will zum Vorhandenen noch weiteres hinzufügen und verfehlt das Ziel beim Versuche, es zu überschreiten. So hat man also gleichzeitig mehr Richtlinien für logisches Denken, eine größere Bildungsgrundlage, mehr gute Kritiker und doch weniger wirklich gute Werke. Man sagt von einem Buche nicht mehr, daß es gut ist, sondern daß ein geistvoller Verfasser es geschrieben hat. Auf diese Weise hat das Jahrhundert des Demetrius von Phaleron unmittelbar dasjenige des Demosthenes, das Zeitalter Lukans und Senecas das ciceronische und virgilische und das unsrige wiederum dasjenige Ludwigs XIV. abgelöst.[36]

Ich spreche hier nur ganz im allgemeinen von unserem Jahrhundert, denn ein Verspotten der hohen Verdienste einiger unserer Zeitgenossen liegt mir vollkommen fern. Der natürliche Aufbau der Welt der Literatur wie auch der Welt der Materie bringt gewaltsame Revolutionen mit sich, über die man sich ebensowenig beklagen darf wie über den Wechsel der Jahreszeiten. Wie wir übrigens dem Jahrhundert des Plinius die bewundernswürdigen Werke Quintilians und Tacitus' verdanken, die eine Generation früher vielleicht nicht hätten zustande gebracht werden können, so wird auch unser Zeitalter der Nachwelt durchaus rühmenswerte Denkmäler hinterlassen. Ein für sein Talent wie auch für sein Pech berühmter Dichter hat mit seinen Oden Malherbe und mit seinen Epigrammen Marot in den Schatten gestellt.[37] Wir erlebten die Entstehung des einzigen Epos, das Frankreich den Griechen, Römern, Italienern, Engländern und Spaniern gegenüberzustellen hat.[38] Zwei berühmte Männer, über deren Verehrung die Nation anscheinend in zwei Lager gespalten ist und denen die Nachwelt den gebührenden Platz zuerkennen wird, machen sich den Ruhm der erhabenen Dichtung streitig, und man sieht ihre Tragödien nach denjenigen Racines und Corneilles immerhin mit besonderem Genuß.[39] Der eine dieser beiden Männer – derselbe, dem wir die »Henriade« verdanken – kann mit völliger Sicherheit einen hervorragenden Platz unter den wirklich sehr wenigen großen Dichtern beanspruchen, der nur ihm allein zukommt; er besitzt gleichzeitig eine Gabe in höchster Vollendung, die bisher bei kaum einem Dichter auch nur mittelmäßig vorhanden war: das Talent, in Prosa zu schreiben. Niemand ist so gewandt wie er in der seltenen Kunst, jeden Gedanken durch den genau entsprechenden Ausdruck wiederzugeben und jede Wendung ohne auch nur einen Fehlgriff in der Schattierung zu verschönern; schließlich besitzt er eine Gabe, die den großen Schriftsteller besser kennzeichnet, als man zu glauben geneigt ist: niemals über oder unter seinem Stoff zu stehen. Seine »Abhandlung über das Jahrhundert Ludwigs XIV.« ist besonders wertvoll, weil der Verfasser weder in der Antike noch bei uns ein entsprechendes Vorbild gehabt hat. Seine »Geschichte Karls XII.« ist in der Flüssigkeit und Erhabenheit des Stils der Würde des geschilderten Helden durchaus ebenbürtig. Seine flüchtig hingeworfenen Stücke sind allen anderen, die sonst sehr hoch in unserer Achtung stehen, weit überlegen und würden zahlenmäßig und ihrem Gehalt nach zur Unsterblichmachung mehrerer Schriftsteller ausreichen. Könnte ich hier nur in einer Besprechung seiner zahlreichen bewundernswerten Werke diesem seltenen Genie den Tribut des ihm gebührenden Ruhmes zollen, die ihm seine Landsleute, das Ausland und selbst seine Feinde darbieten und der seinen Höhepunkt erst durch die Nachwelt erreichen wird, wenn er ihn nicht mehr genießen kann!

Aber damit ist unser Reichtum nicht erschöpft. Ein scharfdenkender Schriftsteller – ebenso guter Staatsbürger wie Philosoph – hat uns ein Werk über die Grundlagen der Gesetze geschenkt, das von ein paar Leuten in Frankreich heruntergerissen, von der Nation aber mit Beifall aufgenommen und von ganz Europa bewundert wird.[40] Dieses Werk wird ein unsterblicher Beweis für das Genie und den Wert seines Verfassers und für den Fortschritt der Vernunft in einem Jahrhundert sein, dessen mittlere Epoche einen denkwürdigen Zeitabschnitt in der Geschichte der Philosophie darstellen wird. Vorzügliche Autoren haben eine ganze Geschichte der alten und neuen Zeit verfaßt, berufene und aufgeklärte Denker haben sie vertieft. Die Komödie ist um eine neue Abart bereichert worden, die man nicht ablehnen sollte, weil aus ihr ein weiterer Genuß erwächst, und die auch im Altertum durchaus nicht so unbekannt war, wie man uns heute einzureden versucht. Schließlich besitzen wir auch noch einige Romane, die gar keine Sehnsucht nach denen des vergangenen Jahrhunderts in uns aufkommen lassen.

Die schönen Künste stehen in unserem Lande nicht weniger hoch in Ehren. Der Meinung sachverständiger Kunstfreunde nach steht unsere Schule der Malerei an erster Stelle in Europa, und einige Werke unserer Bildhauer hätten auch vor den Augen der Antike Gnade gefunden. Den größten Fortschritt aber hat von allen Künsten in den letzten fünfzehn Jahren die Musik aufzuweisen. Die Arbeiten eines männlich-kraftvollen, kühnen und fruchtbaren Meisters haben erreicht, daß auch die bisher unseren Symphonien völlig ablehnend gegenüberstehenden Ausländer jetzt an ihnen Gefallen zu finden beginnen und daß die Franzosen sich nun endlich an den Gedanken zu gewöhnen scheinen, daß Lully auf diesem Gebiet noch ziemlich viel zu tun übriggelassen hat. *Rameau*[41] brachte die Ausübung seiner Kunst auf einen sehr hohen Grad der Vollkommenheit und wurde dadurch Vorbild, aber auch Zielscheibe des

Neides sehr vieler Künstler, die ihn durch ihre Nachahmungsversuche herabsetzen. Sein ganz besonderes Verdienst besteht jedoch in seiner erfolgreichen Beschäftigung mit der Theorie der Musik und in der Grundlegung von Harmonie und Melodie in der Baßstimme. Dadurch hat er eine Kunst, die bisher willkürlichen Entscheidungen oder blinden Erfahrungsregeln ausgesetzt war, auf Gesetze von größerer Sicherheit und Einfachheit gestellt. Ich ergreife gern die Gelegenheit, diesen philosophischen Künstler in einer Abhandlung zu feiern, die ja vor allem dem Ruhme großer Männer gewidmet ist. Sein Verdienst, zu dessen Anerkennung er unser Zeitalter gezwungen hat, wird erst voll gewürdigt werden können, wenn die Zeit über seine Neider hinweggegangen ist; und die Nennung seines Namens, der dem fortschrittlichsten Teil unserer Nation ein liebgewordener Begriff ist, kann an dieser Stelle niemandem zu nahe treten. Sollte er dennoch bei einigen angeblichen Mäzenen Mißfallen erregen: ein Philosoph, der nicht einmal auf dem Gebiet der Wissenschaften und der Kunst den Mut zur Wahrheit fände, täte mir wahrhaftig leid!

Das sind nun also die Güter, die wir besitzen. Was für ein Bild wird man sich nun von unseren literarischen Schätzen machen, wenn man zu den Werken so vieler großer Männer noch die Arbeiten der wissenschaftlichen Gesellschaften rechnet, die zur Pflege des Interesses für Wissenschaft und Literatur bestimmt sind und denen wir das Erscheinen sehr vieler ausgezeichneter Bücher verdanken! Derartige Vereinigungen müssen einem Staat großen Gewinn bringen, vorausgesetzt, daß man nicht durch übermäßig viele Neugründungen einer allzu zahlreichen Mittelmäßigkeit Zutritt zu ihnen verschafft. Man dürfte in ihnen keinerlei Standesunterschiede anerkennen, da diese zur Fernhaltung oder Abschreckung derjenigen Männer führen würde, die zur Belehrung der anderen berufen sind; man dürfte nur die geistige Überlegenheit dort gelten lassen und Hochachtung als Preis für die Leistung erweisen, und schließlich müßten die Begabten in Besitz von Auszeichnungen kommen, ohne daß irgendwelche Intrigen sie ihnen wieder vorenthalten. Denn über eines darf man sich nicht täuschen: dem geistigen Fortschritt schadet man empfindlicher durch falsche Verteilung von Auszeichnungen als durch ihren Fortfall. Zur Ehre der Wissenschaften wollen wir aber bekennen, daß die Zahl der Gelehrten auch ohne Anerkennungen anwachsen kann. Den Beweis dafür bietet England, dem die Wissenschaft ohne die geringste Anteilnahme der Regierung so vieles verdankt. Die Nation achtet sie jedoch und steht ihr sogar mit Ehrerbietung gegenüber; und diese Art der Auszeichnung steht höher als jede andere und ist zweifellos der sicherste Weg zur Blüte von Wissenschaften und Künsten. Denn die Regierung verhilft zu Stellungen, und das Publikum teilt die Ehren aus. Die Liebe zur Wissenschaft gilt bei unseren Nachbarn als Verdienst, während sie bei uns in Wirklichkeit nur eine Modeangelegenheit ist und vielleicht auch immer bleiben wird. Trotz aller ihrer Bedenklichkeit verdanken wir es aber vielleicht doch dieser Mode, die auf einen gebildeten Mäzen hundert unwissende und eingebildete Dilettanten hervorbringt, daß wir noch nicht in die völlige Barbarei zurückgesunken sind, in die eine Reihe von Umständen uns gern stürzen lassen würde.

Einen solchen, sehr wesentlichen Umstand kann man in jenem Hang zu falscher Geistreichelei sehen, die die Unwissenheit schützt, ja sie sich zur Ehre anrechnet, und an deren früher oder später einsetzender allgemeiner Verbreitung die Schuld tragen wird. Sie ist Ausgeburt und Ausdruck der Geschmacklosigkeit – aber ich möchte hinzufügen, daß sie auch ihr einziges Heilmittel sein wird. Denn überall treten regelmäßige Umwälzungen auf, und die geistige Dunkelheit wird durch ein neues Zeitalter der Aufklärung ihr Ende finden. Nach einiger Zeit der Finsternis wird das Tageslicht dann um so heftiger auf uns einstrahlen. Diese Dunkelheit wird eine Art an sich unheilvoller, aber in ihren Folgen manchmal doch segensreicher Anarchie sein. Immerhin wollen wir uns davor hüten, eine so furchtbare Umwälzung zu wünschen; die Barbarei erstreckt sich über Jahrhunderte und scheint zu unserem Wesen zu gehören; Vernunft und guter Geschmack sind nur vorübergehend anzutreffen.

Vielleicht wäre hier der richtige Ort, die Pfeile zurückzuschießen, die vor kurzem ein beredter Schriftsteller und Philosoph[42]*

* Anm. d'Alemberts: Der Genfer Rousseau, Verfasser des musikalischen Teils der Enzyklopädie, mit dem das Publikum hoffentlich sehr zufrieden sein wird, hat eine sehr gewandte Abhandlung geschrieben, um die Verderbnis der Sitten aus der Wiederbelebung der Wissenschaften und Künste zu beweisen. Diese Abhandlung wurde 1750 von der Akademie zu Dijon preisgekrönt und sehr gelobt: sie wurde Anfang 1751 in Paris gedruckt und hat ihrem Verfasser hohe Ehren eingebracht.

gegen die Wissenschaften und Künste mit der Anschuldigung ihres verderblichen Einflusses auf die Sitten geschleudert hat. Eine Übereinstimmung mit seiner Auffassung an der Spitze eines Werkes wie des vorliegenden würde uns schlecht anstehen. Und der verdienstvolle erwähnte Mann scheint unserer Arbeit durch eifrige und erfolgreiche Mitarbeit seine Zustimmung bewiesen zu haben. Wir machen ihm keinen Vorwurf daraus, die geistige Kultur und den Mißbrauch, den man mit ihr treiben kann, verwechselt zu haben; darauf würde er uns zweifellos erwidern, daß dieser Mißbrauch nicht von ihr zu trennen ist. Wir bitten ihn jedoch, zu prüfen, ob die meisten von ihm auf das Konto der Wissenschaften und Künste gebuchten Übel nicht ganz andere Ursachen haben, deren Aufzählung hier zu langwierig und auch zu heikel sein dürfte. Die Wissenschaft trägt gewiß dazu bei, die Gesellschaft angenehmer zu machen; es wäre allerdings schwierig, zu beweisen, daß die Menschen deshalb besser wären und die Tugend weiter verbreitet, aber diesen Vorzug kann man ja sogar der Moral abstreiten. Wenn man diesen Gedanken noch weiterentwickeln wollte, käme man schließlich dahin, die Gesetze zu verwerfen, weil unter ihrem Namen verschiedentlich Verbrechen Deckung fanden, deren Urheber aber in einem unzivilisierten Staat ihre Strafe fänden! Sollten wir aber schließlich ein Bekenntnis gegen das menschliche Wissen ablegen – wovon wir weit entfernt sind –, so läge uns die Überzeugung, daß seine Vernichtung etwas einbringen könnte, noch viel ferner. Die Laster würden wir nämlich behalten und hätten dazu dann noch die Unwissenheit.

Wir schließen nun diese Geschichte der Wissenschaften mit der Bemerkung, daß die verschiedenen auf die geistig Arbeitenden und auf die Pflege der Wissenschaften so einflußreichen Regierungsformen auch bestimmend auf diejenigen Zweige der Wissenschaft einwirken, an deren Gedeihen ihnen besonders gelegen ist und die im einzelnen über besondere Verdienste verfügen. In einer Republik wird es durchschnittlich mehr Redner, Historiker und Philosophen geben und in einer Monarchie mehr Dichter, Theologen und Mathematiker. Diese Einteilung ist allerdings nicht unbedingt gültig und kann durch zahllose Umstände geändert und eingeschränkt werden.

Nach den allgemeinen Betrachtungen und Ansichten, die wir der Enzyklopädie glaubten voranstellen zu müssen, ist es nun an der Zeit, die Öffentlichkeit über das ihr dargebotene Werk genauer zu unterrichten. Da der »Prospektus«, den wir in diesem Sinne bereits veröffentlichten und der meinen Mitarbeiter Diderot zum Verfasser hat, in ganz Europa mit größtem Beifall aufgenommen wurde, will ich ihn hier im Namen des Autors nochmals dem Publikum mit gewissen uns angebracht erscheinenden Abänderungen und Zusätzen vorlegen.

Die seit dem Wiederaufleben der Literatur in der Gesellschaft verbreiteten Kenntnisse und der Keim zum wissenschaftlichen Denken, der den Geist unmerklich für vertieftere Kenntnisse bereit macht, sind unbestreitbar zu einem Teil den *Wörterbüchern* zu verdanken. Der fühlbare Nutzen der Werke dieser Art hat zu ihrer derartigen Verbreitung geführt, daß wir sie heute eigentlich eher rechtfertigen als anpreisen müßten. Angeblich haben sie durch Vervielfältigung der Hilfsmittel und durch die Erleichterung der Bildungsmöglichkeit die Lust zur Arbeit und zum Studium vergehen lassen. Wir aber glauben gute Gründe zu der Behauptung zu haben, daß unsere Bequemlichkeit und die Dekadenz des guten Geschmacks weniger der Menge der Wörterbücher als der Sucht zur Geistreichelei und dem Mißbrauch der Philosophie zuzuschreiben ist. Diese Art der Zusammenstellung von Wissen kann bestenfalls denjenigen zu einigen Aufklärungen verhelfen, die ohne diese Hilfsmittel nicht den Mut fänden, sich solche zu verschaffen, kann aber den Wißbegierigen niemals Bücher ersetzen; die Wörterbücher sind schon ihrer Form nach lediglich Nachschlagewerke und zu keiner fortlaufenden Lektüre geeignet. Wenn wir erführen, daß ein Wissenschaftler in dem Wunsch, sich gründlich mit der Geschichte zu befassen, zu diesem Zweck das Wörterbuch von Moréri ausgesucht hätte, dann würden wir die Berechtigung eines gegen uns erhobenen Vorwurfes anerkennen. Den angeblichen Mißbrauch, über den man Klage erhebt, könnten wir vielleicht mit größerer Berechtigung auf die Vermehrung von Methoden, Grundlehren, Abrissen und Büchersammlungen zurückführen, wenn wir nicht davon überzeugt wären, daß man die Unterrichtsmöglichkeiten nie genug erleichtern könnte.

Man könnte diese Hilfsmittel noch mehr zusammenfassen, indem man alles, was die Menschen bis in unsere Tage in den Wissenschaften und Künsten entdeckt haben, in einigen Bänden wiedergibt. Die Ausführung dieses Planes unter Einbeziehung auch der wirklich nützlichen historischen Tatsachen wäre nicht unmöglich, und ein

Versuch wäre zu begrüßen. Wir begnügen uns heute mit seiner Andeutung. Wir würden dadurch endlich von sehr vielen Büchern befreit, deren Verfasser doch nur voneinander abgeschrieben haben. Bei diesem Angriff gegen die Wörterbücher beruhigt es uns allerdings, daß man einen gleichen Vorwurf auf ebenso unsicherer Grundlage gegen die schätzenswertesten Journalisten erheben könnte. Liegt ihr Ziel im wesentlichen nicht in einer verkürzten Herausstellung der Erkenntnisse, die unser Zeitalter zu denjenigen vorhergehender Jahrhunderte zusätzlich erworben hat, in der Fähigkeit, auf Originale verzichten zu können, folglich also darin, die Dornen herauszureißen, die unsere Gegner gern steckenlassen möchten? Wieviel unnötige Lektüre bliebe uns durch gute Auszüge erspart!

Wir hielten also ein Wörterbuch für wichtig, das man für alle Gebiete der Kunst und Wissenschaft heranziehen könnte und das gleichzeitig diejenigen, die sich mutig genug fühlen, andere zu unterrichten, anleiten könnte, wie auch dazu, jene aufzuklären, die es zum Selbststudium benutzen.

Ein so großes Werk hat bisher niemand unternommen oder hat wenigstens noch niemand ausgeführt. *Leibniz* hatte unter allen Gelehrten die Gabe besessen, die Schwierigkeiten eines solchen Unternehmens zu erkennen, und hatte deren Überwindung erhofft. Es gab indessen schon Enzyklopädien, und Leibniz wußte das auch, als er den Wunsch nach einer neuen äußerte. Die Mehrzahl dieser enzyklopädischen Werke erschien bereits vor dem letzten Jahrhundert und war auch nicht gänzlich abgelehnt worden. Man fand, daß sie trotz wenig ausgeprägter geistiger Höhe immerhin Arbeit und Kenntnisse bewiesen. Aber was können diese Enzyklopädien für uns bedeuten? Welche Fortschritte hat man seitdem in Wissenschaft und Kunst gemacht! Wieviel Wahrheiten hat man heute herausgefunden, die man damals noch nicht ahnte! Die wahre Philosophie lag noch in der Wiege; die Unendlichkeitsrechnung existierte noch nicht; die Experimentalphysik hatte kaum ihren Anfang genommen; eine Dialektik gab es überhaupt noch nicht; die Gesetze einer gesunden Kritik waren völlig unbekannt. Die berühmten Männer aller Wissensgebiete, von denen wir in unserer Vorrede sprachen, und ihre bekanntesten Schüler lebten noch nicht oder hatten noch nichts geschrieben. Die Gelehrten waren von keinem Forschungsgeist oder Wetteifer getrieben; eine andere geistige Veranlagung von vielleicht weniger großer Fruchtbarkeit, aber von seltenem Wert, nämlich Scharfsinn und methodischer Geist, hatte noch nicht von einzelnen Gebieten der Literatur Besitz genommen; und die Akademien, deren Arbeiten den Wissenschaften und Künsten so große Anregung gegeben haben, waren noch nicht gegründet.

Wenn auch die Entdeckungen der angeführten großen Männer und wissenschaftlichen Gesellschaften in der Folge eine wertvolle Hilfe zur Aufstellung eines enzyklopädischen Wörterbuches lieferten, muß man doch zugeben, daß sich die wunderbare Ausbreitung der Wissensgebiete andererseits auf ein solches Werk beträchtlich erschwerend auswirkte. Uns steht jedoch kein Urteil darüber zu, ob die Nachfolger der ersten Enzyklopädisten als kühn oder anmaßend zu bezeichnen sind, und wir würden sie alle sich in ihrem Ruhm sonnen lassen, auch *Ephraim Chambers*[43], den bekanntesten unter ihnen, wenn wir nicht besondere Gründe hätten, dessen Verdienste einer kritischen Betrachtung zu unterziehen.

Die Enzyklopädie Chambers', von der in London eine so große Anzahl von Auflagen in rascher Folge erschienen ist, die kürzlich ihre Übersetzung ins Italienische erlebte und die, wie wir zugeben, in England und im Ausland die ihr erwiesenen Ehren verdient – sie wäre vielleicht nie zustande gekommen, wenn es vor ihrem Erscheinen in England nicht Werke in unserer Sprache gegeben hätte, denen Chambers wahllos und ohne Einschränkung den größten Teil der Artikel entnehmen konnte, aus denen er dann sein Wörterbuch zusammenstellte. Was hätten wohl unsere Franzosen zu einer glatten und einfachen Übersetzung des Wörterbuches gesagt? Es hätte die Empörung der Gelehrten und den Protestruf der Öffentlichkeit auf sich gezogen, der es längst vertraute Reichtümer einfach unter prunkvollem, neuem Namen als neu vorgelegt hätte.

Wir verweigern diesem Autor durchaus nicht die geschuldete Gerechtigkeit. Er hat den Vorteil der enzyklopädischen Anordnung bzw. der Verkettung wohl erkannt, mit deren Hilfe man lückenlos von den ersten Prinzipien einer Wissenschaft oder Kunst bis zu ihren weitläufigsten Konsequenzen vordringen und den umgekehrten Weg von den letzten Folgerungen bis zu den ursprünglichen Prinzipien wieder zurückverfolgen kann; mit deren Hilfe man unmerklich von einer Wissenschaft oder Kunst zur anderen gleitet und so, wenn der Ausdruck gestattet ist, eine literarische Weltreise ohne Verirrungsgefahr machen kann. Wir gestehen ihm zu, daß Plan und Absicht seines Wörterbuches vorzüglich sind und daß, wenn die Ausführung bis zu einem gewissen Grad der Vollendung gediehen wäre, es für sich allein mehr zum Fortschritt der wahren Wissenschaft beitragen würde als die Hälfte aller vorliegenden Bücher zusammengenommen. Aber trotz aller Dankbarkeit dem Verfasser gegenüber und trotz des beachtlichen Nutzens, den wir aus seiner Arbeit gezogen haben, konnten wir uns nicht der Einsicht verschließen, daß noch sehr viel zu tun übrigbleibt. Soll man denn wirklich glauben, daß alles, was zur Wissenschaft und Kunst gehört, in zwei Folio-Bände zusammengefaßt werden kann? Allein das Register für ein so ausgedehntes Stoffgebiet würde, bei dem Anspruch auf Vollständigkeit, einen Band füllen. Es muß also zwangsläufig in seinem Werk verstümmelte Artikel oder Auslassungen geben.

Wir sprechen hier nicht etwa bloße Mutmaßungen aus. Wir haben die gesamte Übersetzung der Chambersschen Arbeit in Händen gehabt und ungeheuer viele Lücken im Gebiet der Wissenschaften gefunden; bei den freien Künsten stand oft nur ein Wort, wo ganze Seiten erforderlich wären, und die mechanischen Berufe ließen schlechthin alles zu wünschen übrig. Chambers hat zwar Bücher gelesen, aber wohl kaum Künstler zu sehen bekommen; es gibt jedoch vieles, was man nur im Atelier lernen kann. Außerdem verhält es sich mit den Lücken hier anders als in einem anderen Werk. Die Auslassung eines Artikels in einem Wörterbuch läßt dieses einfach unvollständig erscheinen. In einer Enzyklopädie dagegen durchbricht sie die Kette der Zusammenhänge und schadet der Form und der Sache. Es hat der ganzen Kunst eines Ephraim Chambers bedurft, solche Mängel zu vertuschen.

Ohne uns aber nun noch länger über die englische Enzyklopädie auszulassen, erklären wir, daß das Werk Chambers' keinesfalls die einzige Grundlage ist, auf der wir aufgebaut haben, daß wir sehr viele seiner Artikel völlig umgearbeitet und von den übrigen fast keinen ohne Zusätze, Berichtigungen oder Einschränkungen übernommen haben und daß Chambers lediglich in der Reihe derjenigen Autoren zu nennen ist, die wir besonders herangezogen haben. Das Lob, das man vor sechs Jahren dem bloßen Plan einer Übersetzung der englischen Enzyklopädie zollte, wäre für uns Grund genug gewesen, auf dieses Werk zurückzugreifen, um so mehr, als unser eigenes Werk darunter nicht leiden würde.

Der mathematische Teil hat unserer Meinung nach am ehesten verdient, beibehalten zu werden. Ausgehend von den beträchtlichen Änderungen, die daran vorgenommen wurden, kann man jedoch die Notwendigkeit einer genauen Überprüfung dieses und anderer Teile beurteilen.

Der erste Gegenstand, der uns einen anderen Weg als der englische Verfasser einschlagen ließ, ist die von ihm aufgestellte Stammtafel der Wissenschaften und Künste, die wir durch eine andere ersetzen zu müssen glaubten. Dieser Teil unserer Arbeit ist weiter oben mit zureichender Ausführlichkeit dargestellt worden. Er stellt für unsere Leser das Gerippe eines Werkes dar, das nur in mehreren Foliobänden ausgeführt werden kann und eines Tages das gesamte menschliche Wissen umfassen soll.

Beim Anblick eines derart umfangreichen Materials wird wohl jeder mit uns zu folgender Überlegung kommen: die tägliche Erfahrung zeigt nur zu deutlich die Schwierigkeiten für einen Verfasser, eine gründliche Abhandlung über die Wissenschaft oder Kunst zu geben, deren besonderem Studium er sich sein ganzes Leben lang gewidmet hat. Wer könnte also kühn und beschränkt genug sein, allein die Abhandlung aller Wissenschaften und aller Künste unternehmen zu wollen?

Wir haben daraus die Folgerung gezogen, daß zur Bewältigung einer solchen Last, wie wir sie zu tragen hatten, ihre Aufteilung notwendig war, und haben sofort unseren Blick auf eine ausreichende Zahl Gelehrter und Künstler gerichtet – geschickte und als begabt bekannte Künstler, Gelehrte mit Erfahrung in den besonderen Fächern, die man ihrer Bearbeitung anvertrauen wollte. Wir haben jedem das ihm zukommende Gebiet zugewiesen; einige hatten sich ihrer Aufgabe schon zugewandt, bevor wir an die Ausführung unseres Werkes gingen. Die Leserschaft wird ihre Namen bald erfahren, und wir befürchten deswegen keinen Tadel. Da nun jeder einzelne nur mit dem Gegenstand beschäftigt war, von dem er etwas verstand, war er in der Lage, ein gesundes Urteil über das bisher von den antiken und modernen Meistern darüber Geschriebene abzugeben und über diese Anhaltspunkte hinaus die aus seiner eigenen Erfahrung geschöpften Kenntnisse anzugeben. Niemand ist in fremdes Gebiet eingedrungen oder hat sich in Dinge gemischt, von denen er vielleicht nie etwas verstanden hat; und wir haben dadurch mehr Methode, mehr Sicherheit, größeren Umfang und mehr Einzelheiten bieten können als bei der Mehrzahl der Lexikographen zu finden möglich ist. Allerdings hat diese Einteilung das Verdienst des Herausgebers auf ein Mindestmaß herabgesetzt, aber sie hat wesentlich zur Vervollkommnung des Gesamtwerkes beigetragen, und wir werden stets die Ansicht vertreten, mit der Zufriedenstellung der Leserschaft genügend Ruhm erworben zu haben. Mit einem Wort, jeder unserer Mitarbeiter hat über den von ihm übernommenen Bereich ein Wörterbuch zusammengestellt, und wir haben alle diese Wörterbücher zu einem Gesamtwerk vereinigt.

Wir glauben, für die Verwendung der alphabetischen Ordnung gute Gründe gehabt zu haben. Es schien uns bequemer und einfacher für unsere Leser zu sein, die das Wort, über das sie sich zu unterrichten wünschen, leichter in einem alphabetisch angelegten Wörterbuch als in irgendeinem anderen finden können. Hätten wir jede Wissenschaft für sich behandelt und für jede ein gesondertes Wörterbuch angelegt, dann hätte sich nicht nur die angebliche Zusammenhanglosigkeit der alphabetischen Reihenfolge in dieser neuen Anordnung tatsächlich breitgemacht, sondern eine solche Einteilung wäre auch beträchtlichen Unklarheiten ausgesetzt infolge der großen Anzahl häufig vorkommender, gemeinsamer Wörter in den verschiedenen Wissenschaften, die man hätte mehrfach wiederholen oder aufs Geratewohl einsetzen müssen. Andrerseits wäre bei einer getrennten Darstellung jeder Wissenschaft in einer geschlossenen Abhandlung nach der Reihenfolge der auftretenden Gedanken – nicht der Wörter – die Form unseres Werkes noch unhandlicher für die große Menge unserer Leser geworden, die nichts ohne mühevolles Suchen würden finden können. Die enzyklopädische Anordnung der Wissenschaften und Künste hätte wenig dabei gewinnen und die enzyklopädische Reihenfolge der Wörter oder besser gesagt der die Wissenschaften miteinander verbindenden und in Berührung bringenden Gegenstände unendlich viel dabei verlieren können. Im Gegensatz dazu waren durch die von uns vorgesehene Aufteilung der eine wie der andere Gesichtspunkt außerordentlich leicht zu befriedigen. Wir haben dies ja weiter oben auseinandergesetzt. Hätte es sich übrigens darum gehandelt, über jede Wissenschaft und jede Kunst eine Abhandlung in der üblichen Form anzufertigen und diese Einzelbesprechungen dann in einer Enzyklopädie zu vereinigen, dann würden wir schwerlich so zahlreiche Personen für dieses Werk gewonnen haben, und die meisten unserer Mitarbeiter hätten zweifellos die gesonderte Herausgabe ihrer Arbeit der Gemeinschaftsausgabe mit vielen anderen zusammen vorgezogen. Außerdem hätten wir in Verfolgung dieses letzterwähnten Planes auf die Benutzung der englischen Enzyklopädie verzichten müssen, von deren Ruf wir ebenso beeindruckt waren wie von dem damaligen »Prospectus«, der in der Öffentlichkeit Anklang gefunden hatte und nach dem wir uns zu richten gedachten. Die Gesamtübersetzung jener Enzyklopädie ging uns durch die Buchhändler zu, die deren Veröffentlichung übernommen hatten; wir haben sie an unsere Mitarbeiter weitergegeben, die aber ihre nochmalige Durchsicht, Korrektur und Vervollständigung einer sozusagen freihändigen Unternehmung ohne vorliegendes Material vorzogen. Zwar war für sie ein großer Teil dieser Vorarbeiten überflüssig, aber er diente doch immerhin dazu, ihnen die von ihnen erwartete Arbeit schmackhafter zu machen – eine Arbeit, die mehrere von ihnen vielleicht abgelehnt hätten, wenn sie die damit verbundenen Mühen vorausgesehen hätten. Einige dieser Gelehrten wiederum hatten ihren Anteil an der Arbeit bereits lange Zeit in Händen, bevor wir als Herausgeber auftraten, und waren darin nach dem alten Plan der alphabetischen Ordnung bereits ziemlich weit vorgeschritten. Eine Änderung dieser Absicht wäre uns infolgedessen auch bei einem weniger klaren Einverständnis mit ihr nicht möglich gewesen. Schließlich wußten wir auch oder hatten wenigstens Grund zu der Annahme, daß dem englischen Verfasser, unserem Vorbild, keinerlei Schwierigkeiten hinsichtlich der alphabetischen Anordnung erwachsen waren, an die er sich gebunden hatte. Alles zusammen trug uns also die Verpflichtung auf, unser Werk mit einem Plan in Einklang zu bringen, den wir auch ohnehin bei freier Entscheidungsmöglichkeit gewählt hätten.

Das einzige Vorgehen in unserer Arbeit, das einigen Verstand voraussetzt, besteht in der Ausfüllung der Lücken zwischen zwei Wissenschaften oder Künsten und in der Wiederherstellung der Verbindung in den Fällen, wo unsere Mitarbeiter sich bei der Abfassung gewisser Artikel aufeinander verlassen haben, die schließlich, weil sie anscheinend gleichermaßen zum Bereich des einen wie des anderen gehörten, überhaupt nicht geschrieben wurden. Um jedoch keinen der mit einem Teil der Arbeit beauftragten Mitarbeiter für die sich in diesen Ergänzungsabschnitten möglicherweise einschleichenden Fehler verantwortlich zu machen, werden wir vorsichtshalber die betreffenden Stellen durch ein Sternchen kennzeichnen. Wir werden unser gegebenes Wort strengstens einhalten. Die Arbeit anderer wird für uns unantastbar bleiben; und sollte im Laufe der Herausgabe eine Ausarbeitung irgendwelche wesentlichen Veränderungen zu verlangen scheinen, werden wir unbedingt den betreffenden Verfasser befragen.

Jede der verschiedenen zur Mitarbeit herangezogenen Hände hat den einzelnen Artikeln sozusagen den Stempel ihres besonderen Stils aufgedrückt, wie auch den, der dem Stoff und dem Gegenstand eines Teiles angemessen ist. Ein chemisches Verfahren wird kaum im gleichen Ton behandelt werden wie die antiken Bäder und Theater, die handwerkliche Arbeit eines Schlossers anders als die Forschungen eines Theologen über eine dogmatische oder Ordensfrage. Zu jedem Gegenstand gehört ein bestimmtes Kolorit, und eine Uniformierung würde einem Durcheinanderwerfen der spezifischen Eigenarten gleichkommen. Nur stilistische Reinheit und Prägnanz dürfen als gemeinsame Eigenschaften bei allen Artikeln auftreten, und wir hoffen auch, daß man sie in ihnen feststellen wird. Ein Mehr zu wagen, würde uns der Gefahr der Eintönigkeit und des Überdrusses aussetzen, die fast immer eine unzertrennliche Begleiterscheinung umfangreicher Werke sind, aber in unserem Falle durch die außerordentliche Vielseitigkeit des Materials vermieden wird.

Wir glauben nun die Öffentlichkeit hinreichend über den Charakter des Unternehmens aufgeklärt zu haben, für das sie sich zu interessieren schien: über die sich bei guter Ausführung aus ihm ergebenden allgemeinen Vorteile, über den positiven oder negativen Erfolg derer, die vor uns einen solchen Versuch unternommen haben, über den Umfang des Gegenstandes, über die von uns befolgte Anordnung, über die Aufteilung der einzelnen Teilgebiete und über unsere Aufgaben als Herausgeber. Wir gehen nunmehr zu wesentlichen Einzelheiten der Ausführung über.

Der gesamte Stoff der Enzyklopädie läßt sich in drei Hauptzweige aufteilen: in die Wissenschaften, die freien Künste und die mechanischen Künste. Wir werden zu Beginn die Wissenschaften und freien Künste behandeln und die mechanischen Handwerke an den Schluß stellen.

Über die Wissenschaften ist schon sehr viel geschrieben worden. Die Abhandlungen über die freien Künste haben sich unaufhörlich vermehrt und das Reich der Wissenschaft förmlich überschwemmt. Aber wie wenige geben über die wahren Prinzipien Aufschluß! In wie vielen versinken diese in einem Wortschwall oder verlieren sich in künstlichem Dunkel! Wie viele täuschen nicht Autorität vor, bei denen ein neben die Wahrheit gestellter Irrtum entweder diese wahre Erkenntnis schmälert oder sich selbst auf Grund dieser Nachbarschaft zu höherem Ansehen zu bringen versucht! Man hätte zweifellos lieber weniger, aber dafür besser schreiben sollen!

Unter allen Schriftstellern haben diejenigen den Vorzug erhalten, die allgemein als die besten anerkannt sind. Danach erfolgte die Aufstellung der Prinzipien. Ihre klare und genaue Darstellung hat man durch Beispiele erhärtet oder bereits anerkannte Autoritäten hinzugezogen. Der herkömmliche Brauch pflegt auf Quellen zu verweisen oder ungenaue, wenig sichere und fast immer unklare Zitate zu bringen, so daß man bei den einzelnen Abschnitten eines Artikels nicht mit Sicherheit weiß, welchen Autor man über diesen oder jenen Punkt befragen soll oder ob man etwa alle heranzuziehen hat, während die Nachprüfung langwierig und mühselig wird. Wir haben es uns angelegen sein lassen, zur Vermeidung dieser Unannehmlichkeiten im Verlauf des Artikels selbst die Autoren anzugeben, auf die man sich gestützt hat, und deren Text nötigenfalls wörtlich wiederzugeben, weiterhin stets die Auffassungen miteinander zu vergleichen, die Gründe abzuwägen, Wege zur Erweckung oder zur Lösung von Zweifeln vorzuschlagen, gegebenenfalls sogar Entscheidungen zu treffen. Außerdem bemühten wir uns, Irrtümer und Vorurteile, soweit es in unseren Kräften steht, zu bereinigen, sie vor allem nicht noch zu vermehren oder durch kritiklose Unterstützung veraltete Ansichten und durch unbegründete Ablehnung verbreitete Auffassungen zu verewigen. Wir haben auch eine breite Darstellung nicht gescheut, wenn das Interesse der Wahrheit oder die Bedeutsamkeit des Stoffes sie erforderlich machten, und haben auf jede gefällige Auflockerung verzichtet, sobald sie nicht mit dem belehrenden Zweck zu vereinbaren war.

An dieser Stelle wollen wir nun über die *Definitionen* eine wichtige Bemerkung machen. Wir haben uns in den allgemeinen wissenschaftlichen Artikeln nach dem von jeher herrschenden Brauch gerichtet, der zu Beginn der Abhandlung einer Wissenschaft deren Definition verlangt. Wir haben diese nun auch in der einfachsten und kürzesten Form gegeben, die uns möglich war. Man glaube jedoch nicht, daß die Begriffsbestimmung einer Wissenschaft – zumal einer abstrakten Wissenschaft – denjenigen eine Vorstellung von ihr vermitteln könne, die nicht bereits mehr oder weniger mit ihr vertraut sind. Was ist denn überhaupt eine Wissenschaft anderes als ein System von Regeln oder auf einen bestimmten Gegenstand bezogener Tatsachen? Und wie soll man jemandem, der über den Inhalt des Systems völlig im ungewissen ist, eine Vorstellung dieses Systems geben? Wenn man die Arithmetik als Wissenschaft von den Eigenschaften der Zahlen bezeichnet, gibt man dann etwa einem Unwissenden ein klareres Bild von ihr, als man vom Stein der Weisen mit der Behauptung bieten würde, daß er das Geheimnis der Goldherstellung in sich schließt? Die Definition einer Wissenschaft besteht genaugenommen in der ausführlichen Darstellung der Gegenstände, mit denen diese Wissenschaft sich beschäftigt, wie auch die Begriffsbestimmung eines Körpers die Beschreibung eben dieses Körpers in allen Einzelheiten ist. Nach diesem Grundsatz scheint die so bestimmte Definition jeder Wissenschaft eher an den Schluß als an den Anfang des ihr gewidmeten Buches zu gehören: sie wäre dann das äußerst zusammengedrängte Ergebnis aller erworbenen Begriffe. Was enthalten übrigens diese Definitionen in den meisten Fällen anderes als unsichere und abstrakte Ausdrücke, deren Inhalte meist schwieriger festzulegen sind als diejenigen der Wissenschaft selbst! Wörter dieser Art sind »Wissenschaft«, »Zahl« und »Eigenschaft« in der bereits erwähnten Begriffsbestimmung der Arithmetik. Die allgemeinen Ausdrücke sind zweifellos wichtig, und wir haben in unserer Abhandlung ihren Nutzen herausgestellt. Man könnte sie jedoch mit einer Definition als gewaltsamen Mißbrauch der Zeichen festlegen und die Mehrzahl der Definitionen einen teils absichtlichen, teils unfreiwilligen Mißbrauch der allgemeinen Bezeichnungen nennen. Im übrigen wiederholen wir, daß wir in diesem Punkt dem allgemeinen Brauch gefolgt sind, weil es nicht unsere Aufgabe ist, diesen zu ändern und weil der Charakter dieses

Wörterbuches eine Abweichung auch gar nicht zugelassen hätte. Bei aller Rücksichtnahme auf die Vorurteile glaubten wir jedoch eine Herausstellung der von uns für gesund angesehenen Ideen nicht scheuen zu dürfen. Wir wollen nun aber weiter Rechenschaft über unser Werk ablegen.

Das Reich der Wissenschaften und Künste ist eine weit vom Alltäglichen entfernte Welt, in der man jeden Tag neue Entdeckungen macht, über die jedoch eine Menge phantastischer Berichte vorliegen. Es war nun wichtig, die richtigen zu bestätigen, falschen vorzubeugen, die Ausgangspunkte festzulegen und so die zukünftigen Forschungen zu erleichtern. Wir zählen Tatsachen nur auf, vergleichen Erfahrungen und ersinnen Methoden lediglich, um den Geist zur Erschließung neuer Wege anzuregen und zu neuen Entdeckungen vorwärtszutreiben, und wir betrachten dabei den letzten Schritt in der Laufbahn der großen Männer als unseren ersten. Dieses Ziel haben wir auch in der gleichzeitigen Darstellung der Prinzipien der Wissenschaften und freien Künste neben der Geschichte ihres Ursprungs und ihres allmählichen Fortschritts im Auge gehabt; und wenn wir dies erreicht haben, werden sich die klugen Geister nicht mehr mit der Erforschung des bereits vor ihnen Bekannten zu beschäftigen brauchen. In den kommenden Werken über die Wissenschaften und die freien Künste wird man leicht herausfinden, was die Erfinder aus eigenem Wissen zu bieten hatten und wieviel sie von ihren Vorgängern übernommen haben. Man wird den Wert der Arbeit schätzen lernen, und jene geltungsbedürftigen und geistesarmen Menschen, die die Kühnheit besitzen, alte Systeme als neue Ideen zu veröffentlichen, werden alsbald entlarvt werden können. Um diese Vorzüge zu erreichen, mußte man jedem Gebiet einen gebührenden Spielraum zugestehen, das Wesentliche herausheben, das Unwichtige beiseite lassen und einen ziemlich weitverbreiteten Fehler vermeiden: den Fehler, lang und breit über etwas zu reden, das mit einem Wort gesagt werden könnte, zu beweisen, was niemand bestreitet und zu erläutern, was ohnehin klar ist. Wir sind mit Aufklärungen weder zu sparsam noch verschwenderisch umgegangen. Man wird zu dem Urteil kommen, daß sie überall da, wo wir sie anbrachten, notwendig waren und an Stellen überflüssig gewesen wären, wo man keine findet. Wir haben uns außerdem gehütet, Beweise anzuhäufen, wo wir eine einzige stichhaltige Begründung für ausreichend hielten, und nur bei denjenigen Fällen mehrere angeführt, in denen ihre Beweiskraft von ihrer Zahl und Übereinstimmung abhing.

Die Artikel über die Grundstoffe der Wissenschaften haben wir mit größtmöglicher Sorgfalt ausgearbeitet, denn sie stellen tatsächlich Grundlage und Ausgangspunkt aller anderen dar. Aus diesem Grunde konnten die Elemente einer Wissenschaft nur von denjenigen gut herausgearbeitet werden, die weit über dem Stoff stehen, denn sie schließen das System der allgemeinen Prinzipien in sich, die sich nun ihrerseits auf die verschiedenen Zweige der Wissenschaft erstrecken. Um aber die günstigste Darstellungsweise dieser Prinzipien zu kennen, muß man eine sehr umfassende und sehr vielseitige, eingehende Beschäftigung mit diesen Fragen aufzuweisen haben.

Dies waren also die Vorsichtsmaßregeln, die wir zu treffen hatten. Auf alle diese Reichtümer konnten wir zählen, aber es sind noch andere dazugekommen, die unser Unternehmen sozusagen seinem guten Stern verdankt. Es handelt sich um Manuskripte, die uns von Fachliebhabern zugestellt oder von Gelehrten übermittelt wurden, von denen wir Herrn Formey[44] nennen wollen, den ständigen Sekretär der Kgl. Preußischen Akademie der Wissenschaften und Schönen Künste. Dieses berühmte Akademiemitglied hatte sich ein ähnliches Wörterbuch wie das unsrige ausgedacht, und er hat uns großzügig den bereits ausgeführten, beträchtlich großen Teil seiner Arbeit geopfert, wofür wir ihm hier die gebührende Ehrung aussprechen möchten. Dazu kommen Forschungsarbeiten und Beobachtungen, wie sie jeder mit der Bearbeitung eines Teiles unseres Wörterbuches beauftragte Künstler oder Gelehrte in seinem Schreibtisch verwahrt hielt, die er nun auf diesem Wege zu veröffentlichen gedachte. Hierzu gehören fast alle Artikel über Grammatik im allgemeinen und im besonderen. Wir glauben versichern zu dürfen, daß kein bekanntes Werk mit so reicher Ausstattung über Regeln und Bräuche der französischen Sprache wie über Natur, Ursprung und Philosophie der Sprache überhaupt zu belehren vermag. Wir berichten also der Öffentlichkeit über Wissenschaften und freie Künste ebenso wie über einige literarische Schätze, von denen sie vielleicht niemals Kenntnis erhalten hätte.

An der Vervollkommnung dieser beiden wichtigen Zweige hat jedoch die uns von allen Seiten freundlicherweise zuteil gewordene

Unterstützung einen kaum geringeren Anteil: die Förderung von seiten der Großen, liebenswürdige Aufnahme und Verständnis seitens mehrerer Gelehrter. Öffentliche Büchereien, private Bibliotheken, Sammlungen, ungedruckte Handschriften usw. – alles wurde uns von denen, die Wissenschaft treiben oder von denjenigen, die sie lieben, zur Verfügung gestellt. Ein wenig Geschicklichkeit und große Geldausgaben haben uns verschafft, was durch bloßes Wohlwollen nicht zu erreichen war; und die Belohnung hat fast immer die wirkliche Beunruhigung oder die angebliche Aufregung all derer, die wir herangezogen hatten, wieder behoben.

Herr Falconet, ärztlicher Berater des Königs und Mitglied der Kgl. Akademie der Wissenschaften und Besitzer einer seinem ausgedehnten Wissen entsprechenden Bibliothek, von der er einen noch ungleich höher zu schätzenden Gebrauch macht – er stellt sie liebenswürdigerweise den Gelehrten uneingeschränkt zur Verfügung –, hat uns in dieser Hinsicht jede nur wünschenswerte Unterstützung gewährt. Dieser Schriftsteller, dieser Bürger, der mit vielseitigster Bildung die Eigenschaften eines geistvollen und philosophisch interessierten Mannes verbindet, war zudem so entgegenkommend, sich mit einigen unserer Artikel zu befassen und uns nützliche Ratschläge und Aufklärungen zu geben.

Nicht weniger lebhaft empfinden wir unsere Dankespflicht gegenüber dem Abbé Sallier, Verwalter der Bibliothek des Königs: er gestattete uns mit der ihm eigenen Höflichkeit, die durch die Freude an der Begünstigung eines großen Unternehmens noch gesteigert wurde, aus dem reichen, zu seiner Verfügung stehenden Schatz alles auszuwählen, was Klärung oder Verschönerung in unsere Enzyklopädie bringen könnte. Man rechtfertigt, ja, besser gesagt, man ehrt die Wahl seines Fürsten, wenn man so seinem Interesse zu dienen versteht. Die Wissenschaften und Künste können daher nie zuviel mit ihren Werken zum Ruhm der Regierung eines Herrschers beitragen, der sie begünstigt. Wir als Zuschauer ihrer Fortschritte und als ihre Geschichtsschreiber betrachten lediglich die Übermittlung dieser Fortschritte auf die Nachwelt als unsere Aufgabe, damit man später beim Aufschlagen unseres Wörterbuches sagen kann: »Dies war der damalige Stand der Wissenschaften und schönen Künste.« Die Nachwelt soll dann ihre Entdeckungen zu den von uns aufgezeichneten hinzufügen, damit die Geschichte des menschlichen

Geistes und seiner Taten von einem Zeitalter zum anderen bis in die fernsten Jahrhunderte vorliege. Die Enzyklopädie soll eine geheiligte Stätte werden, in der das Wissen der Menschen vor den Zeitläuften und Revolutionen gesichert wird. Wie sehr können wir uns dann schmeicheln, den Grundstein dazu gelegt zu haben! Wie vorteilhaft für unsere Vorfahren und für uns selbst wäre die Überlieferung der Arbeiten der antiken Völker, der Ägypter, Chaldäer, Griechen, Römer usw. in einem enzyklopädischen Werk gewesen, das gleichzeitig die wahren Grundsätze ihrer Sprachen herausgestellt hätte. Leisten wir also für die kommenden Jahrhunderte, was frühere Zeitalter bedauerlicherweise für uns nicht getan haben! Wenn man im Altertum eine Enzyklopädie geschaffen hätte, wie man so viele große Dinge geschaffen hat, und wenn aus der berühmten alexandrinischen Bibliothek nur dieses Schriftwerk allein auf uns überkommen wäre, dann hätte es uns – das wagen wir zu behaupten – über den Verlust aller übrigen Werke hinwegtrösten können.

Dies wollten wir der Leserschaft über die Wissenschaften und schönen Künste auseinandersetzen. Der den mechanischen Handwerken gewidmete Teil verlangte nun nicht weniger Ausführlichkeit und Sorgfalt. Wohl noch nie haben so viele Schwierigkeiten gleichzeitig bei so geringen literarischen Hilfsquellen überwunden werden müssen. Man hat zuviel über die Wissenschaften, nicht genügend Zutreffendes über die meisten freien Künste und fast überhaupt nichts über die mechanischen Kunstfertigkeiten geschrieben. Denn was bedeutet das wenige, das bei den Schriftstellern zu finden ist, im Vergleich zur Ausdehnung und Ergiebigkeit dieses Gegenstandes? Von all denen, die sich damit befaßt haben, war der eine über sein Thema nicht hinreichend unterrichtet und hat weniger seine Aufgabe erfüllt als vielmehr die Notwendigkeit einer besseren Arbeit deutlich gemacht. Ein anderer wiederum ist auf den Stoff nur flüchtig eingegangen und hat ihn mehr von der grammatikalischen und literarischen als von der künstlerischen Seite her gesehen. Ein dritter bietet zwar reichhaltiges Material und kommt eher vom Standpunkt des Arbeiters her; aber er faßt sich gleichzeitig so kurz, daß die künstlerischen Verarbeitungen und die Beschreibung der Maschinen – eine Stoffmenge, die allein schon umfangreiche Werke füllen könnte – nur einen sehr unbedeutenden Teil seiner Arbeit ausmacht. Chambers hat zu dem, was er aus unseren Autoren übersetzt hat, fast nichts Eigenes hinzugefügt. All das bestimmte uns nun, zu den Handwerkern unsere Zuflucht zu nehmen.

Wir haben uns an die geschicktesten Arbeiter der Stadt Paris und des Königreiches gewandt, haben uns der Mühe eines Besuchs ihrer Werkstätten, ihrer Befragung und der Niederschrift nach ihrem Diktat unterzogen; wir haben versucht, ihre Gedankengänge zu entwickeln und ihre Fachausdrücke herauszuschälen, Tabellen aufzustellen, sie zu definieren, mit denjenigen ins Gespräch zu kommen, von denen wir Denkschriften hatten erhalten können; wir bemühten uns (eine fast unerläßliche Maßnahme), in langen und wiederholten Gesprächen mit den einen zu verbessern, was uns die anderen unvollständig, unklar und manchmal ungenau erklärt hatten. Es gibt Handwerker, die zugleich gebildete Leute sind, und wir könnten hier einige anführen; ihre Zahl wäre aber sehr beschränkt. Meist haben die mit einem Handwerk Beschäftigten nur aus Not danach gegriffen und arbeiten rein instinktmäßig. Unter Tausenden ist kaum ein Dutzend in der Lage, sich einigermaßen klar über die verwendeten Werkzeuge und die angefertigten Waren zu äußern. Wir haben Arbeiter gesehen, die seit mehr als 40 Jahren arbeiten, ohne über ihre Maschinen auch nur das Geringste zu wissen. Bei ihnen mußten wir jene Tätigkeit ausüben, deren Sokrates sich gerühmt hatte, die mühselige und heikle Aufgabe der »obstetrix animorum« – einer Hebamme des Geistes – nämlich ihrem Geist ans Licht zu verhelfen.

Es gibt indessen so eigenartige Berufe und so verzwickte Handhabungen, daß man schwerlich einen genauen Bericht über sie geben kann, ohne selbst in ihnen gearbeitet, ohne eigenhändig die Maschine bedient und das Werk unter den eigenen Händen entstehen sehen zu haben. Verschiedentlich war es daher notwendig, Maschinen zu beschaffen, sie aufzustellen und Hand anzulegen, sozusagen also zum Lehrling zu werden und höchstpersönlich eine schlechte Arbeit zustande zu bringen, um dann andere darüber belehren zu können, wie man gute anzufertigen hat.

So haben wir uns von der auf den meisten Lebensgebieten herrschenden Unkenntnis und von der Schwierigkeit einer Abhilfe überzeugt und sind auf diese Weise in die Lage versetzt worden, nachzuweisen, daß der mit seiner Sprache am besten vertraute Schriftsteller doch kaum den zwanzigsten Teil des Wortschatzes kennt, daß diese Sprache, trotz der besonderen Fachsprachen jeder Kunst, noch sehr unvollkommen ist, daß die Arbeiter sich durch die rein äußerliche Gewohnheit der Unterhaltung, und zwar in den meisten Fällen durch Wiedergabe einer Situation und nicht durch überlegten Wortgebrauch miteinander verständigen. In einem Arbeitsraum spricht die augenblickliche Situation, nicht aber der Handwerker.

Folgende Methode haben wir nun hinsichtlich jeder einzelnen Kunst angewandt: Wir behandelten

1. den Stoff, seine Fundorte, die Art seiner Verarbeitung, seine wertvollen und schlechten Eigenschaften, seine verschiedenen Abarten, die Handhabungen bei seiner Verarbeitung entweder vor oder während seiner Verwendung,
2. die wesentlichsten aus ihm hergestellten Gegenstände und die Art ihrer Anfertigung,
3. gaben wir Namen, Beschreibung und Form der Werkzeuge und Maschinen in einzelnen oder Gesamtzeichnungen wieder, den Querschnitt der Gußformen und anderer Instrumente, deren Inneres und deren Seitenansicht etc. wissenswert erschienen,
4. haben wir die Arbeit und die wichtigsten Handgriffe in einer oder mehreren Werkstätten erklärt, in denen man teils nur die Hände des Handwerkers oder den Handwerker selbst bei der Tätigkeit und bei der Anfertigung des wichtigsten Gegenstandes seines Handwerkes sehen kann,
5. haben wir die handwerklichen Fachausdrücke mit möglichster Genauigkeit zusammengestellt und erklärt.

Da man jedoch kaum gewöhnt ist, über die Handwerke zu schreiben oder Schriften darüber zu lesen, war eine verständliche Erklärung der Dinge ziemlich schwierig, und hieraus ergab sich die Notwendigkeit von Zeichnungen. Es ließe sich an tausend Beispielen nachweisen, daß ein einfaches, rein definierendes Wörterbuch bei aller Güte der Ausführung nicht auf bildliche Darstellungen verzichten kann, ohne in Undeutlichkeit oder Unklarheit bei seinen Beschreibungen zu verfallen. Waren wir nun nicht um so mehr auf dieses Hilfsmittel angewiesen? Ein Blick auf den Gegenstand selbst oder auf seine bildliche Darstellung ist aufschlußreicher als eine seitenlange Besprechung.

Wir haben Zeichner in die Werkstätten geschickt. Man hat die

Maschinen und Werkzeuge skizziert und nichts unberücksichtigt gelassen, was zur Verdeutlichung dienen konnte. Sobald eine Maschine infolge der Wichtigkeit ihres Gebrauchs oder wegen der Mannigfaltigkeit ihrer Einzelteile eine detaillierte Darstellung lohnte, sind wir von der einfachen zur mehrteiligen Zeichnung übergegangen. Wir stellten zunächst in einem ersten Bild so viele Bestandteile zusammen, wie man ohne Schwierigkeit zu übersehen vermag. In einem zweiten Bild sieht man außer den gleichen Bestandteilen noch einige weitere. So haben wir allmählich die komplizierteste Maschine ohne die geringste Unklarheit für den Verstand oder die Augen dargestellt. Man muß gelegentlich von der Kenntnis des Werkes auf diejenige der Maschine zurückgreifen und manchmal wieder von der Maschine aus die fertige Arbeit kennenlernen. Im Artikel »Kunst« wird man einige Betrachtungen über die Vorzüge dieser Methoden und über die Gelegenheiten zur jeweiligen Anwendung der einen statt der anderen finden.

Es gibt Begriffe, die fast Allgemeingut sind und über die in den Köpfen größere Klarheit herrscht, als mit einer Besprechung erzielt werden könnte. Außerdem sind manche Gegenstände uns so vertraut, daß die Anfertigung von Zeichnungen lächerlich wirken würde. Die Künste bieten ferner Gegenstände, die derart zusammengesetzt sind, daß ihre Darstellung nutzlos wäre. In den beiden ersten Fällen haben wir vorausgesetzt, daß unsere Leser nicht ganz des gesunden Menschenverstandes und einer gewissen Erfahrung ermangeln; im letzteren Fall verweisen wir auf den Gegenstand selbst. In allem haben wir nach einem goldenen Mittelweg getrachtet und versucht, ihn auch hier nicht zu verfehlen. Eine einzige Kunst würde für ihre vollständige Darstellung und Besprechung Bände von Abhandlungen und Schemen verlangen. Die Absicht, in Zeichnungen jeden Schritt in der Umformung des Eisens bis zur fertigen Nadel wiederzugeben, würde ins Endlose führen. Wenn die Abhandlung der Arbeit des Handwerkers bis in die kleinste Einzelheit folgen kann – meinetwegen! –, die bildlichen Darlegungen jedoch haben wir auf die wesentlichen Bewegungen des Arbeiters und ausschließlich auf Momente der Tätigkeit beschränkt, die einfach zu zeichnen, aber äußerst schwierig zu erklären sind. Wir haben uns dabei an die Hauptumstände gehalten, deren gelungene Wiedergabe zwangsläufig die Kenntnis der nicht sichtbaren Vorgänge zur Folge hat. Wir wollten jede Ähnlichkeit mit einem Menschen vermeiden, der an jedem Schritt der Straße Wegweiser aufstellt in der Befürchtung, die Wanderer könnten fehlgehen. Dabei genügt ihre Anbringung an allen denjenigen Stellen, an denen die Gefahr des Verirrens besteht.

Im übrigen macht erst die Arbeit selbst den Meister, und arbeiten dürfte man kaum aus Büchern lernen können. Der Handwerker wird in unserem Buche lediglich Gesichtspunkte finden, die er vielleicht niemals gewonnen hätte, und Beobachtungen, zu deren Feststellung er erst nach jahrelanger Arbeit gekommen wäre. Wir bieten dem interessierten Leser etwa das, was er einem Handwerker bei der Arbeit hätte absehen können, um seine Wißbegierde zu befriedigen, und dem Handwerker zeigen wir, was er Wissenswertes zur fortschreitenden Vervollkommnung vom Philosophen lernen könnte.

Wir haben die Zeichnungen und Tafeln bei den Wissenschaften und freien Künsten im gleichen Sinne und in gleichem Maße verteilt wie bei den mechanischen Handwerken; wir konnten indessen weder hier noch dort die Zahl auf weniger als sechshundert reduzieren. Die beiden Bände, die sie füllen, werden nicht den uninteressantesten Teil unseres Werkes darstellen, da wir auf die Rückseite einer Tafel die Erklärung der gegenüberliegenden Seite mit Hinweisen auf die für jede Figur in Frage kommende Stelle zu geben bemüht waren. Ein Leser schlägt also einen Illustrationsband auf und bemerkt ein Gerät, das seine Neugier erregt. Es ist, sagen wir, eine Pulver-, Papier-, Seiden- oder Zuckermühle o. ä., und er liest gegenüber Fig. 50, 51 oder 60 etc.: »Pulvermühle, Zuckermühle, Papiermühle, Seidenmühle« etc. Anschließend findet er eine gedrängte Erklärung dieser Geräte mit Hinweisen auf die Artikel »Pulver«, »Papier«, »Zucker«, »Seide« etc.

Die Wiedergabe in Kupferstichen ist der vollkommenen Ausführung der Zeichnungen entsprechend, und wir hoffen, daß die Bildtafeln unserer Enzyklopädie diejenigen des englischen Wörterbuches an Schönheit ebenso übertreffen wie an Zahl. Bei Chambers finden sich 30 Tafeln; unser früherer Plan sah 120 Stück vor, und wir werden mindestens 600 bieten. Es ist kaum zu verwundern, daß unser Arbeitsgebiet sich bei jedem unserer Schritte erweitert hat; es ist unendlich groß, und wir können uns nicht rühmen, es ganz durchmessen zu haben.

Trotz aller Hilfsmittel und Arbeiten, über die wir soeben Rechenschaft ablegten, erklären wir ohne weiteres in unserem eigenen Namen und für unsere Mitarbeiter, daß man uns stets gern zum Eingeständnis unserer Unzulänglichkeit und zur Verarbeitung jeder uns übermittelten Aufklärung bereit finden wird. Wir werden sie dankbar annehmen und uns ihnen gelehrig anpassen, da wir fest überzeugt sind, daß die letzte Vollkommenheit einer Enzyklopädie erst das Werk jahrhundertelanger Arbeit ist. Man brauchte Jahrhunderte, um sie zu beginnen, und Jahrhunderte werden nötig sein, um sie zu Ende zu bringen; wir empfinden jedoch Befriedigung in dem Gedanken, zur Grundlegung eines nützlichen Werkes unser Teil beigetragen zu haben.

Immerhin bleibt uns die Genugtuung, keine Mühe für das Gelingen gescheut zu haben. Ein Beweis für unsere Anstrengung ist darin zu sehen, daß sich Abschnitte bei den Wissenschaften und Künsten finden, die bis zu dreimal umgeschrieben worden sind. Wir können uns nicht enthalten, zur Ehre der vereinigten Verleger zu sagen, daß sie niemals die Mithilfe an der möglichen Vervollkommnung aller Teile verweigert haben. Man darf wohl vom Zusammenwirken so zahlreicher Umstände, wie das große Wissen der am Werk Mitarbeitenden, die Unterstützung durch die an ihm Anteil nehmenden Personen und der Wetteifer der Verleger und Buchhändler es sind, einige gute Wirkungen erwarten.

Aus allem bisher Gesagten geht hervor, daß in dem von uns angekündigten Werk die Wissenschaften und Künste ohne die Voraussetzung irgendwelcher Vorkenntnisse behandelt werden, daß man das Wissenswerte über jedes Gebiet herausstellt, daß die Artikel sich gegenseitig erklären und Schwierigkeiten in der Benennung infolgedessen nirgends auftreten. Wir schließen daraus, daß dieses Werk wenigstens in späteren Tagen einmal einem gebildeten Menschen in jeder Richtung eine Bibliothek ersetzen kann und auf jedem Gebiet – außer in seiner Fachrichtung – auch einem Berufsgelehrten; daß es die wahren Prinzipien der Dinge aufzeigen und deren Beziehungen herausstellen wird; daß es zur Festigung und zum Fortschritt des menschlichen Wissens beitragen und der Gesellschaft durch das Anwachsen der Zahl wirklicher Gelehrter, gediegener Künstler und aufgeklärter Kunstliebhaber neue Vorteile zu bieten hat.

Zu Beginn jedes Bandes wird man die Namen derjenigen Gelehrten finden, denen die Öffentlichkeit das Gesamtwerk im gleichen Maße wie uns zu verdanken hat und deren Zahl und Eifer täglich noch im Wachsen begriffen ist. Ich selbst habe sämtliche Artikel über »Mathematik und Allgemeine Physik« verfaßt oder durchgesehen und habe auch einige Artikel in den anderen Teilen – wenn auch sehr wenige – ergänzt. Ich habe mir in den Abschnitten über »Transzendentale Mathematik« einen allgemein-methodischen Geist und die Angabe der besten Werke angelegen sein lassen, in denen man über jeden Gegenstand die wichtigsten Einzelheiten findet, die ihrer Eigenart nach in unserer Enzyklopädie keinen Eingang finden konnten; ich habe mich bemüht, zu erklären, was mir ungenügend oder überhaupt nicht geklärt erschien, und schließlich für jedes Gebiet nach Möglichkeit genaue, d. h. einfache metaphysische Prinzipien aufzustellen versucht.

So beträchtlich nun diese Arbeit auch gewesen sein mag, sie ist doch mit derjenigen meines Kollegen *Diderot* kaum zu vergleichen. Er ist der Verfasser des umfassendsten, wichtigsten, vom Publikum gefragtesten und – ich wage es zu behaupten – am schwierigsten abzufassenden Teiles dieser Enzyklopädie: der Beschreibung der Künste. Diderot schrieb ihn anhand der ihm von Arbeitern oder Kunstliebhabern übermittelten Denkschriften, nach selbst bei den Arbeitern erworbenen Kenntnissen oder auch nach Maschinen, die er selbst kennenzulernen sich bemüht hat und von denen er bisweilen Modelle zur Erleichterung seiner Studien anfertigen ließ. Außer dieser enormen Einzelarbeit, deren er sich mit sehr viel Sorgfalt entledigte, hat er noch eine weitere, nicht weniger umfangreiche in der Abfassung einer ungeheueren Anzahl fehlender Artikel zur Ergänzung der verschiedenen Teile der Enzyklopädie vollbracht. Er hat sich dieser Arbeit mit einem der Glanzzeit der Philosophie würdigen Mut, mit einer für die Wissenschaft ehrenvollen Uneigennützigkeit und einem Eifer gewidmet, der die Dankbarkeit aller Freunde und Ausübenden der Wissenschaft und vor allem all derer verdient, die sich zur Arbeit an der Enzyklopädie zusammengefunden haben. Man wird in den einzelnen Bänden dieses Werkes die bedeutende Anzahl der Artikel feststellen können, die ihm geschuldet werden. Unter diesen sind einige von großem Umfang, und sie sind sogar sehr zahlreich. Der große Erfolg des mehrere Monate vor der Veröffentlichung des ersten Bandes gesondert im Druck erschienenen Artikels »Kunst« hat ihn zur sorgfältigsten Ausarbeitung aller anderen ermutigt; und ich glaube versichern zu dürfen, daß sie, wenn auch von anderem Charakter, einen Vergleich mit jenem nicht zu scheuen brauchen. Es ist nicht nötig, hier auf die ungerechtfertigte Kritik einiger feiner Leute zu antworten, die zweifellos wenig mit Dingen zu tun haben, die ein gewisses Maß von Aufmerksamkeit erfordern, und die den Artikel über Kunst zu gedankenschwer und zu metaphysisch fanden – als ob es hätte anders sein können! Jeder Artikel mit einem abstrakten und allgemeinen Gegenstand als Thema kann wirklich gründlich nur durch das Eingehen auf philosophische Prinzipien behandelt werden, die allerdings für alle nicht ans Nachdenken Gewöhnten ein wenig schwer zu verstehen sein mögen. Im übrigen müssen wir hier bekennen, daß wir mit Freuden eine große Anzahl von Laien diesen Artikel glänzend verstehen sahen. Was aber die Kritiker anbelangt, so wollen wir wünschen, daß sie bei allen Artikeln über derartige Themen uns immer diesen gleichen Vorwurf zu machen haben werden.

Dies alles hatten wir also über dieses ungeheure Sammelwerk zu sagen. Es bietet sich mit allem dar, was Anteilnahme erwecken kann: die Ungeduld, mit der man seiner Herausgabe entgegensah; die Hindernisse, die seine Veröffentlichung verzögerten; die Umstände, die diese uns selbst übernehmen ließen; der Eifer, mit dem wir uns dieser Aufgabe widmeten, als sei sie freiwillig von uns gewählt worden; die Lobsprüche der wohlgesinnten Bürger für unser Unternehmen; die zahllosen und erwiesenen Hilfeleistungen jeder Art; die Protektion, die die Regierung uns schuldig ist und anscheinend auch gewähren will; die schwachen oder auch mächtigen Feinde, die – wenn auch vergeblich – unser Werk im Keime ersticken wollten; und endlich die Verfasser ohne Ränke und Tücken, die für ihre Sorgfalt und Mühen keine andere Belohnung fordern als die Gewißheit, ihrem Vaterland einen Dienst erwiesen zu haben. Wir versuchen nicht, dieses Wörterbuch mit den anderen zu vergleichen, wir erkennen gern an, daß sie uns alle von Nutzen waren, und unsere Arbeit will keineswegs das Werk anderer herabsetzen. Unsere Leser sollen uns das Urteil sprechen: wir glauben sie von denjenigen, die nur reden wollen, unterscheiden zu müssen.

Stammbaum der Wissenschaften

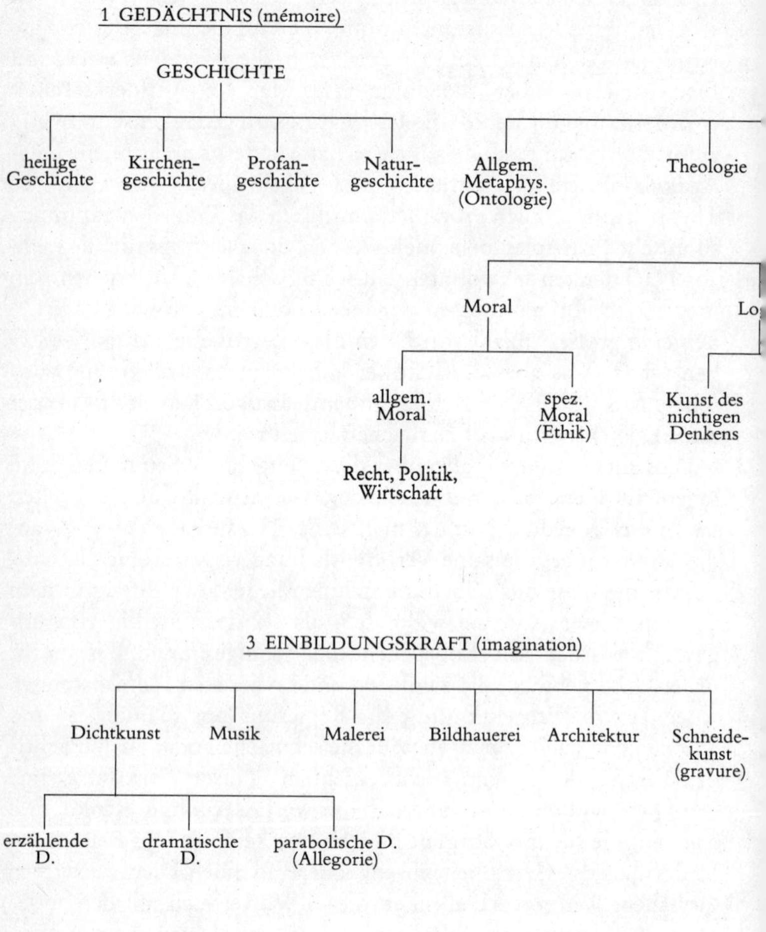

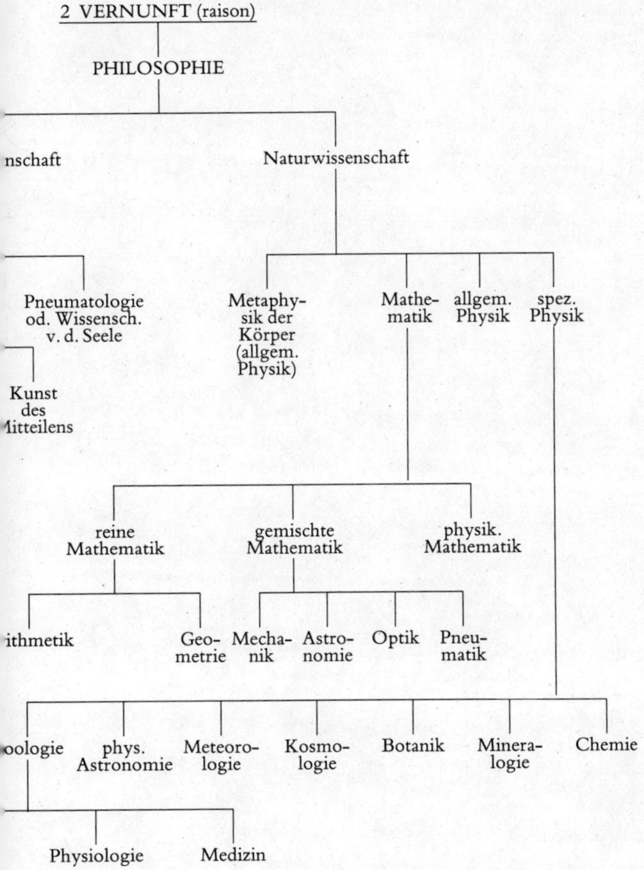
2 VERNUNFT (raison)
PHILOSOPHIE
nschaft
Naturwissenschaft
Pneumatologie od. Wissensch. v. d. Seele
Metaphysik der Körper (allgem. Physik)
Mathematik
allgem. Physik
spez. Physik
Kunst des
Iitteilens
reine Mathematik
gemischte Mathematik
physik. Mathematik
ithmetik
Geometrie
Mechanik
Astronomie
Optik
Pneumatik
oologie
phys. Astronomie
Meteorologie
Kosmologie
Botanik
Mineralogie
Chemie
Physiologie
Medizin

Anhang

Anmerkungen des Herausgebers

Ausgewählte Literatur

Biographische Skizze

Kurze Geschichte der Enzyklopädie

GÜNTHER MENSCHING

Die Enzyklopädie und das Subjekt der Geschichte

Anmerkungen des Herausgebers

1 Aristoteles und die an ihn anknüpfende Hochscholastik des 13. Jahrhunderts läßt die Erkenntnis der materiellen Dinge bei den Sinnesempfindungen beginnen, aus denen der Intellekt durch Abstraktion die Wesensbestimmungen, die substantiellen Formen, gewinnt. Diese Entitäten, die Gattung und Art eines Dinges bestimmen, indem sie das die Individualität begründende materielle Substrat formen, sind als das den Wechsel der Individuen überdauernde substantielle Gegenstand der Metaphysik. Die aristotelische Philosophie ist deshalb kein Empirismus. Die verborgenen Qualitäten sind jene Kräfte der Dinge, die aus den Sinnesqualitäten nicht ableitbar, aber dennoch real sind.

2 Die eingeborenen Ideen sind für den Rationalismus seit Descartes jene logischen und psychologischen Gegebenheiten, die durch Erfahrung nicht gewonnen werden können, sondern dieser denknotwendig vorausgehen. Die empiristische Schule, der d'Alembert sich in diesem Punkt anschließt, hat im Gegensatz dazu die Ideen aus den Sinnesempfindungen herzuleiten versucht.

3 Die Bemerkung zielt kritisch auf die Argumentation, mit der Descartes die Realität der materiellen Außenwelt beweisen wollte. Da alle Sinnesempfindungen nur in das Subjekt fallen und deshalb für sich kein Beweis einer ihnen entsprechenden Außenwelt sind, rekurriert Descartes auf den ontologischen Gottesbeweis, der die Realität eines Wesens außerhalb des subjektiven Bewußtseins dartun soll. Dessen Wesensbestimmungen, höchste Vollkommenheit und Güte, garantieren nach Descartes und seinen occasionalistischen Nachfolgern Geulincx und Malebranche die wahren Beziehungen der subjektiven Denkakte auf ein ihnen äußeres Material.

4 Michel de Montaigne (1533–1592), Denker des Späthumanismus, der die Tradition der moralistischen Betrachtungen in Frankreich begründet hat. Eine skeptische Orientierung ließ ihn Distanz zu den Schulen der traditionellen Philosophie halten. Hierin und in der neuen Form des Essays hat er das Denken des 17. und 18. Jahrhunderts maßgeblich beeinflußt. D'Alembert spielt auf die Stelle in den *Essais* I, 24 an.

5 D'Alembert meint hier die antiken Stoiker und Epikur (341–271 v. Chr.). Die beiden ursprünglich komplementären Schulen haben sich in den Doktrinen der Neuzeit in vielfältiger Vermischung fortgesetzt.

6 An dieser Stelle ist die aufklärerische Grundtendenz deutlich, den Ursprung der Begriffe von Gut und Böse, unabhängig von der theologischen Tradition, in der Gesellschaft zu suchen.

7 Die gesamte Passage über die Dichte der Materie im Verhältnis zu ihrer Aus-

dehnung ist eine implizite Auseinandersetzung mit der Physik Descartes'. Hatte Descartes der materiellen Welt außerhalb des Denkens nur die Bestimmung reiner Extension zugewiesen, so wurde im Resultat die Physik mit der Mathematik identisch. Hinter dieser Konzeption steht die rationalistische Idealvorstellung, nach der die Welt im reinen Gedanken deduzierbar sein soll. Gegen die Systeme, die hieraus entstanden, hat sich die Aufklärung abgesetzt.

8 In der Konsequenz des cartesianischen Dualismus von denkender Seele und ausgedehntem Körper lag eine materialistische Medizin, die sich auf klinische Erfahrung stützte. Die mechanistische Systemkonzeption, die von dem Leidener Mediziner Herman Boerhaave (1668–1738) in die Medizin eingeführt wurde, hat bei Descartes selbst ihre spekulative Grundlage und hat noch bei Boerhaaves Schüler La Mettrie auf die Philosophie zurückgewirkt. D'Alembert sieht bereits, daß der Mechanismus kein zureichendes Erklärungsmodell der belebten Natur ist.

9 Die Bemerkungen über die Elektrizität deuten darauf hin, daß einige Vertreter der Aufklärung, denen die mechanistische Welterklärung nicht zureichte, nach anderen Modellen suchten. Die im 18. Jahrhundert noch kaum erforschten Phänomene der Elektrizität veranlassen d'Alembert hier dazu, die Möglichkeit eines Weltsystems zu erwägen, was seiner Systemkritik eigentlich zuwiderläuft.

10 Der Hinweis auf die Gestensprache und ihre Beziehung zur Lautsprache nimmt implizit Bezug auf Diderots *Brief über die Blinden* und den *Brief über die Taubstummen*, in denen das Problem des Verhältnisses von Sinnestätigkeit und Sprachbildung erörtert wird.

11 Die Frage nach der Entstehung der Ungleichheit unter den Menschen ist in der Aufklärung von zentralem Interesse. D'Alembert neigt hier einer an Hobbes anknüpfenden materialistischen Lösung zu. Jedoch ist unverkennbar, daß er die Arbeitsteilung und die aus ihr abgeleitete Rangordnung in der Gesellschaft weder als die Ordnung der Natur noch als die der Vernunft ansieht.

12 Die bevorstehende Umwälzung der Produktionsverhältnisse drückt sich in der Forderung nach einer Vereinigung wissenschaftlicher Erkenntnis und handwerklicher Kunst aus. Die herkömmliche Hierarchie, in der die geistige Arbeit immer das höchste, die rein körperliche aber das geringere Ansehen genießt, kann hierbei nicht bestehenbleiben.

13 Gemeint ist George Louis Leclerc de Buffon (1707–1788), der als Verfasser der 40bändigen *Histoire naturelle* ein Pionier der modernen Biologie wurde. Die Gattungen und Arten, die sein Zeitgenosse Linné zu einem System der belebten Natur vereinigte, haben für Buffon nur eine klassifikatorische Bedeutung und dürfen nicht für Realität genommen werden. Das einzelne Lebewesen steht daher für Buffon im Zentrum der Wissenschaft.

14 Die Einteilung der Wissenschaften, an der die Aufklärung sich systematisch orientiert hat, ist in Francis Bacons *De augmentis et dignitate scientiarum* entwickelt.

15 Gerbert von Aurillac (gest. 1003) war in der Frühscholastik der bedeutendste

Mathematiker. Er führte im christlichen Bereich die arabischen Zahlen ein und entwickelte die Regeln von Multiplikation und Division. Als Logiker entwarf er eine Theorie des Vernunftgebrauchs: *De rationale et ratione uti.* Im Jahre 999 wurde er zum Papst gewählt und nahm den Namen Sylvester II. an. Das Werk Gerberts ist ein Zeugnis für die Rationalität der mittelalterlichen Philosophie – ein Gesichtspunkt, den die Aufklärung bei ihrem Kampf mit dem Aberglauben ganz außer acht ließ.

16 Jacques Bénigne Bossuet (1627–1704), Bischof von Meaux, wurde als Kanzelredner berühmt. Seine *Oraisons funèbres* waren schon im 18. Jahrhundert klassisch. Die Aufklärung schätzte ihn als Stilisten, aber seine Denkrichtung und seine politischen Absichten, seine Verteidigung des Absolutismus und seine Geschichtstheologie, waren ihr entgegengesetzt. – Jean de La Fontaine (1621–1695), der berühmte Fabeldichter, in dessen Gedichten vielfach aufklärerische Motive anklingen, besonders in der Entlarvung der inneren Beweggründe des menschlichen Handelns. – Jean de La Bruyère (1645–1696) ist einer der bedeutendsten Moralisten. In seinen *Caractères* deckt er die Widersprüche zwischen gesellschaftlichem Schein und wirklichen Motiven des Handelns auf. – Jean Racine (1639–1699), Tragödienschriftsteller und einer der großen Vertreter der französischen Klassik.

17 Pierre de Ronsard (1525–1585), führender Kopf der Dichtergruppe »Pleïade«, in der die antik-klassischen mit neuen italienischen Formen in der Lyrik vereinigt wurden. Dies beförderte die Lösung der lyrischen Produktion von Formen und Inhalten des Mittelalters.

18 François de Malherbe (1555–1628), erster Vertreter einer eigenständigen französischen Lyrik und dadurch Reformator der literarischen Sprache. – Jean Louis Guez de Balzac (1594–1655) hat den klassischen französischen Prosastil in seinen Briefen geprägt. – Port Royal war eine jansenistische Klosterschule, in der sich die Intelligenz dieser katholischen Sekte vereinigte und auf Wissenschaft und Literatur großen Einfluß nahm. Arnauld, Nicole, Pascal und Saint Cyran gehörten Port Royal an. Auch d'Alembert ist jansenistisch erzogen worden.

19 Nicolas Boileau-Despréaux (1636–1711) war der Theoretiker der Dichtung in der französischen Klassik. Sein Hauptwerk ist die *Art poétique*. Im Streit über die Vorzüge der modernen gegenüber der antiken Dichtung, der *Querelle des anciens et des modernes*, aus der die Geschichtsauffassung der Aufklärung entstand, vertrat Boileau die Position der »anciens«.

20 Nicolas Poussin (1594–1665), Maler, der von Tizian ausgehend den französischen Klassizismus herausgebildet hat. Besonders die Landschaftsmalerei des 17. Jahrhunderts hat er geprägt. – Eustache Le Sueur (1617–1655) war Mitbegründer der Akademie und hat als Maler besonders religiöse Motive gestaltet: 22 Bilder aus dem Leben des heiligen Bruno, die sich heute im Besitz des Louvre befinden. – Charles Le Brun (1619–1690) war zu seiner Zeit ein berühmter Historienmaler, der im Auftrag Ludwigs XIV. die Schlachten Alexanders des Großen dargestellt hat. Die Wand- und Deckenfresken im Schloß von Versailles stammen zum Teil von ihm.

21 Philippe Quinault (1635–1688), Dichter, der die ersten Libretti für die

Opern des aus Italien stammenden Jean-Baptiste Lully (1633–1687) schrieb. Von beiden ging die eigenständige französische Operntradition aus.

22 D'Alembert spielt hier zunächst auf den Inquisitionsprozeß gegen Galilei an, außerdem auf eine Auseinandersetzung zwischen dem Papst Zacharias (741–752) und Virgilius, dem späteren Bischof von Salzburg. Dieser soll Berichten zufolge eine häretische Antipodenlehre vertreten haben, in der eine zweite Welt mit anderen Menschen angenommen wird. Die Menschen stammten dann nicht alle von Adam und Eva ab. Das Motiv der Pluralität der Welten hat die Aufklärung bei Fontenelle aufgenommen.

23 François Viète (1540–1603), Mathematiker, der die Algebra auf eine neue Grundlage stellte, indem er die Zahlen durch Buchstaben bezeichnete. Dadurch wurde die Lösung von Gleichungen aller Grade möglich.

24 Christiaan Huyghens (1629–1695), niederländischer Mathematiker und Physiker, dessen Forschungen auf den Gebieten der Astronomie und der Mathematik für Newtons Theorie wichtige Voraussetzungen waren. Er entdeckte den ersten Saturnmond und operierte bereits mit den Gesetzen des Stoßes und der Zentralbewegung. Huyghens ist Erfinder der Pendeluhr (1657) und entwickelte dabei eine physikalische Theorie des Pendels. Außerdem hat er die Wellentheorie des Lichtes begründet.

25 Es ist charakteristisch für die französische Rezeption Newtons im 18. Jahrhundert, daß seine Mechanik als empiristisch verfahrende Erfahrungswissenschaft verstanden wurde, deren Theorie in der Lockeschen Epistemologie liege. Die Aufklärung ist deshalb der spekulativ-konstruierenden Methode Newtons nicht gerecht geworden. Hierfür sind schon Voltaires *Eléments de la philosophie de Newton* (1738) ein deutliches Zeugnis.

26 Isaac Barrow (1630–1677), Lehrer Newtons. In seinem Hauptwerk *Lectiones geometricae* (1670) behandelt er die Eigenschaften der Kurven und entwickelt seine Tangentenmethode, an die Newton bei der Erfindung der Differentialrechnung anknüpft.

27 William Harvey (1578–1657), englischer Mediziner, der aufgrund einer mechanischen Konzeption des belebten Körpers zur Entdeckung des Blutkreislaufs gelangte. Außerdem ist er durch embryologische Untersuchungen an bebrüteten Hühnereiern zu der These gelangt, daß jedes Lebewesen aus dem Ei stamme.

28 Blaise Pascal (1623–1662) ist für d'Alembert besonders als Mathematiker und Physiker interessant. Seine spätere Entwicklung zum mystischen Religionsphilosophen, der dem Jansenismus von Port Royal nahestand, wurde von den Enzyklopädisten als krankhafter Irrweg angesehen.

29 Nicole Malebranche (1627–1715), Oratorianerpater und Philosoph, der Descartes' Dualismus von res cogitans und res extensa zum Occasionalismus fortbildete. Da die denkende Substanz keine Wirkung auf die ausgedehnte ausüben kann, kommt menschliche Erkenntnis nur durch Teilhabe an der Erkenntnis Gottes zustande. Diese vielfach auf augustinische Gedanken zurückgreifende Metaphysik ist für die radikale Aufklärung mehr noch als Descartes' Philosophie zum Modell des Rationalismus geworden, von dem sie sich scharf absetzt.

30 Robert Boyle (1627–1691) ist einer der Begründer der modernen experimentellen Chemie. Er hat das gesetzmäßige Verhältnis des Volumens einer Gasmasse zu ihrem Druck bestimmt. Es wird seither Boyle-Mariottesches Gesetz genannt. – André Vésal (Vesalius) (1514–1564) war Leibarzt Kaiser Karls V. Er trat als Anatom hervor, der seine Wissenschaft durch die Sektion von menschlichen Leichen revolutionierte. – Thomas Sydenham (1624–1689), englischer Arzt, der als einer der ersten die innere Medizin als klinische Wissenschaft betrieb.

31 Pierre Louis Moreau de Maupertuis (1698–1759), Physiker und Mathematiker, der die Naturtheorie der französischen Aufklärung in wichtigen Punkten bestimmt hat. Schon 1723 zum Mitglied der Pariser Akademie der Wissenschaften ernannt, bestätigte er durch Messungen in Lappland die Newtonsche These von der Abplattung der Erde an den Polen. Friedrich der Große ernannte ihn 1746 zum Präsidenten der Preußischen Akademie der Wissenschaften. Maupertuis hat die Newtonsche Physik noch vor Voltaire auf dem Kontinent bekannt gemacht und durch eigene Forschungen bestätigt. Dies bezeugt sein *Discours sur la formation des astres.* In seinem *Essai sur la formation des corps organisés* (1751) nimmt er einige Elemente der modernen Vererbungslehre vorweg. Insgesamt haben seine Arbeiten die Cartesianische Physik widerlegt.

32 Jacques Rohault (1620–1675) galt in der Zeit vor Newton als bedeutender Naturwissenschaftler, der die Cartesianische Physik vertrat: *Traité de physique* (1671). Sein Schüler Pierre Silvain Régis (1632–1707) war ebenfalls Cartesianer, zeigt aber bereits den Einfluß des Lockeschen Empirismus.

33 D'Alembert bezieht sich hier auf Bernard Le Bovier de Fontenelle (1657 bis 1757), der die Aufklärung unmittelbar vorbereitet hat und von deren Vertretern hoch geschätzt wird. Seine naturwissenschaftlichen Interessen hat er fruchtbar gemacht, indem er seine Thesen in einer literarischen Form vortrug, die in breiteren Gesellschaftskreisen wirksam werden konnte. Das trug ihm den Ruf ein, der erste Enzyklopädist zu sein: *Nouveaux dialogues des morts* (1683), *Entretiens sur la pluralité des mondes* (1686), *Histoire des oracles* (1686), *Digression sur les anciens et les modernes* (1688).

34 Gemeint ist Buffon.

35 Dies ist eine Anspielung auf den Romanautor und Dramendichter Pierre Marivaux (1688–1763), der zu den Hauptvertretern der Empfindsamkeit des 18. Jahrhunderts gehört. Er hat die literarische Form des analytischen Romans vorweggenommen.

36 Demetrius von Phaleron (ca. 345–283 v. Chr.), athenischer Philosoph und Redner, der hinter dem berühmten Demosthenes (384–322 v. Chr.) zurücksteht.

37 Die Bemerkung bezieht sich auf den Dichter Jean-Baptiste Rousseau (1671–1741), der ins Exil getrieben wurde, aber vom Zeitgeschmack über Malherbe und den Epigrammdichter Clément Marot (1495–1544) gestellt wurde.

38 Gemeint ist Voltaires Versepos *Henriade*, das Leben und Taten des französischen Königs Heinrich IV. in aufklärerischem Sinne darstellt.

39 Voltaires zahlreiche Dramen sind Lehrstücke der Aufklärung, während Prosper Jolyot de Crébillon der Ältere (1674–1764) seine Dramen in dem damals schon veralteten Stil der Klassik schrieb.

40 Die Bemerkung bezieht sich auf Montesquieu (1689–1755), den Verfasser des für den Gesellschaftsbegriff der Aufklärung besonders wichtigen Werkes *De l'esprit des lois* (1748).

41 Der Komponist Jean-Philippe Rameau (1683–1764) ist der Begründer der modernen Harmonielehre. Er führte die Begriffe Grundakkord und Fundamentalbaß ein und stellte die Umkehrungsmöglichkeiten und die Funktionen der Akkorde dar. D'Alembert hat in seinen eigenen musiktheoretischen Schriften an Rameau angeknüpft.

42 Die folgende Passage zeigt, wie sehr die Positionen Rousseaus denen der Enzyklopädisten entgegengesetzt sind. Rousseaus affirmativer Naturbegriff und seine Kritik der modernen Zivilisation sind mit der Konzeption des gesellschaftlichen Fortschritts in einer arbeitsteilig organisierten Totalität nicht zu vereinbaren. Von der Enzyklopädie, zu der er zunächst einige wichtige Artikel beitrug, hat sich Rousseau wieder losgesagt. Davon zeugt besonders deutlich Rousseaus Brief an d'Alembert über das Schauspiel (1758), einer längeren Abhandlung, in der das Genfer Komödienverbot als Maßnahme gegen die dekadente französische Zivilisation gerechtfertigt wird.

43 Dies war der Autor der *Cyclopaedia or an Universal Dictionary of arts and sciences*, die die Entstehung der Enzyklopädie unmittelbar angeregt hat.

44 Jean Louis Samuel Formey (1711–1791), ständiger Sekretär der Preußischen Akademie der Wissenschaften, der nach anfänglicher Mitarbeit am Projekt der Enzyklopädie von 1762 an dessen entschiedener Feind wurde. Voltaire und d'Alembert, aber auch Rousseau griff er in zahlreichen Schriften an.

Ausgewählte Literatur

Werke d'Alemberts

Œuvres philosophiques, historiques et littéraires de d'Alembert, ed. J. F. Bastien, 18 Bde., Paris 1807
Œuvres philosophiques, historiques et littéraires, ed. Bossange et Belin, 5 Bde., Paris 1821 (Photomech. Nachdruck Genf 1967)
Œuvres posthumes de d'Alembert, ed. C. Pougens, 2 Bde., Paris 1821
Œuvres et correspondance inédites de d'Alembert, ed. Ch. Henry, Paris 1827
›Discours préliminaire‹, in: *Encyclopédie, ou Dictionnaire raisonné des sciences, des arts et des métiers,* Bd. I, Paris 1751
(Photomech. Nachdruck sämtlicher Bände der Originalausgabe: Stuttgart 1966f.)

Deutsche Übersetzungen des ›Discours préliminaire‹:

›Herrn d'Alemberts Abhandlung von dem Ursprung, Fortgang und Verbindung der Künste und Wissenschaften‹, übers. v. J. Weguelin, Zürich 1761
›Anfangsgründe der schönen Wissenschaften‹ (Übers. anonym), Frankfurt und Göttingen 1763
›Einleitung in die französische Enzyklopädie von 1751‹, übers. und hrsg. v. E. Hirschberg, Leipzig 1912
›Einleitung zur Enzyklopädie (1751)‹, übers. v. A. Heins, hrsg. v. E. Köhler, Hamburg 1955, 2. Aufl. 1975
›Einleitende Abhandlung zur Enzyklopädie‹, übers. u. hrsg. v. G. Klaus, Berlin 1958

Literatur zu d'Alembert und zur Aufklärung

Bertrand, J.: *D'Alembert,* Paris 1889
Cassirer, E.: *Die Philosophie der Aufklärung,* Tübingen 1932
Darnton, R.: *The Business of Enlightenment: A Publishing History of the Encyclopedy, 1775–1800,* Cambridge, Mass. 1979
Grimsley, R.: *Jean d'Alembert,* Oxford 1963
Hankins, Th. L.: *D'Alembert, Science and the Enlightenment,* Oxford 1970

Hazard, P.: *Die Herrschaft der Vernunft. Das europäische Denken im 18. Jahrhundert*, Hamburg 1949
Krauss, W.: *Studien zur deutschen und französischen Aufklärung*, Berlin 1963
Lefebvre, E.: *D'Alembert*, Löwen, 1921
Mensching, G.: *Totalität und Autonomie. Untersuchungen zur philosophischen Gesellschaftstheorie des französischen Materialismus*, Frankfurt am Main 1971
Proust, J.: *Diderot et l'Encyclopédie*, Paris 1962
Proust, J.: *L'Encyclopédie*, Paris 1965
Rohbeck, J.: *Die Fortschrittstheorie der Aufklärung*, Frankfurt/New York 1987
Schalk, F.: *Einleitung in die Encyklopädie der französischen Aufklärung*, München 1936

Biographische Skizze [1]

Jean Le Rond d'Alembert ist am 17. November 1717 in Paris geboren. Er war das uneheliche Kind der gefeierten Salondame Madame de Tencin und des Artillerieoffiziers Destouches. Seine Mutter setzte den Säugling auf den Eingangsstufen der kleinen Pariser Kirche St. Jean Le Rond aus. Nach diesem Fundort erhielt er im Findelheim den ersten Teil seines Namens. Sein Vater hat ihn dort wieder ausfindig gemacht und dafür gesorgt, daß er bei einer Pflegemutter, der Glaserwitwe Madame Rousseau, aufwachsen konnte. Diese Frau betrachtete er fortan als seine wirkliche Mutter, während er den späteren Versuch von Madame Tencin, sich ihm wieder zu nähern, zurückwies. Die Wohnung von Madame Rousseau verließ er erst im Jahre 1765, als er in das Haus seiner Lebensgefährtin Julie de Lespinasse zog.

Der Vater sorgte für d'Alemberts Erziehung und Ausbildung, so daß er das jansenistische Collège des Quatre Nations besuchen konnte, wo er unter dem Namen Jean-Baptiste Daremberg eingeschrieben war. Hieraus leitet sich sein literarisch geläufiger Name d'Alembert ab. Auf der Schule erhielt er guten Unterricht in allen damals klassischen Fächern. Die strenge theologische Unterweisung mag schon früh Abwehr in ihm geweckt haben, so daß er lieber mathematische und physikalische Studien trieb.

Nach der Schule absolvierte d'Alembert ein Rechtsstudium und wurde 1738 zum Advokaten ernannt, aber er hat diesen Beruf nie ausgeübt. So folgte er schließlich seinem weit überwiegenden Interesse für die Mathematik. Schon 1739 legte er der Akademie der Wis-

1 Einzelheiten der Biographie d'Alemberts enthält Condorcets ›Eloge de M. d'Alembert‹ in: D'Alembert, *Œuvres philosophiques, historiques et littéraires*, ed. Bossange et Belin, Bd. 1, Paris 1821. Die beste neuere Biographie ist: R. Grimsley, *Jean d'Alembert*, Oxford 1963.

senschaften in Paris eine Studie zur Analysis vor. Danach wandte er sich der mathematischen Behandlung physikalischer Gegenstände zu. So untersuchte er unter anderem die Mechanik von Flüssigkeiten. Aufgrund dieser Studien wurde er 1741, erst 24 Jahre alt, zum Adjoint der Akademie der Wissenschaften ernannt. Die Tätigkeit in dieser Institution, die er sein ganzes Leben lang ausübte, sicherte ihm über sein bescheidenes väterliches Erbe hinaus die Existenz. Von 1772 an war er Ständiger Sekretär der Pariser Akademie.

D'Alemberts wissenschaftliche Arbeiten, die ihm schon vor seiner Mitarbeit an der Enzyklopädie großes Ansehen brachten, behandeln sämtlich das Gebiet der Mathematik und der Physik. So schrieb er 1743 einen *Traité de dynamique*, 1744 einen *Traité de l'équilibre et des mouvements des fluides*, der sich wiederum auf die Mechanik flüssiger Körper bezieht. Diese Abhandlung begründet seinen Ruf als Physiker, der Entdeckungen von jener Art macht, die in der Enzyklopädie besonders gesammelt und dokumentiert werden. So hat er im *Traité de dynamique* das Prinzip der virtuellen Arbeit konstruiert, wodurch Probleme der Dynamik auf solche der Statik zurückgeführt werden können. Das Gesetz war beim Bau von Maschinen wichtig und wurde später d'Alembertsches Prinzip genannt.

Im Jahre 1746 handelt er das meteorologische Thema der Ursache der Winde ab: *Réflexions sur la cause générale des vents*. Hierfür erhielt er einen Preis der Berliner Akademie der Wissenschaften. Die Abhandlung *Recherches sur la précession des équinoxes* von 1749 hat das Vorrücken der Tagundnachtgleiche zum Thema. Akustische Phänomene haben die *Recherches sur les cordes vibrantes* (1747), die Untersuchungen über Saitenschwingungen, zum Gegenstand. Nachdem er auch die Schwingungen tönender Körper und die Geschwindigkeit des Schalls erforscht hatte, verfaßte er 1752 eine an Rameau anschließende musiktheoretische Schrift *Eléments de Musique théorique et pratique suivant les principes de M. Rameau*. Hieran schloß sich später noch eine ästhetische Abhandlung *De la liberté de la musique* (1760) an.

Der gesellige Verkehr in den Salons, in denen sich um die Mitte des 18. Jahrhunderts die literarisch und wissenschaftlich produktiven Kreise trafen, haben d'Alemberts Interesse für philosophische Fragen erweitert und geschärft. Im Salon der Madame du Deffant, die wie Madame Geoffrin die Enzyklopädie nach Kräften unterstützte, kam d'Alembert in freundschaftlichen Kontakt mit den radikalen Aufklärern, wenn er auch den von ihnen in verschiedenen Varianten vertretenen Materialismus nicht übernahm und selbst zu einem deistisch bestimmten Skeptizismus neigte. Seine erkenntnistheoretische Position antizipiert in manchen Motiven die Kantische Transzendentalphilosophie. D'Alembert hat seine philosophische Position 1759 in dem *Essai sur les éléments de philosophie ou sur les principes des connaissances humaines* dargelegt. Diese Schrift hat er später auf Wunsch Friedrichs des Großen durch sechzehn erläuternde Abschnitte, »*Eclaircissements*«, erweitert.

Die Freundschaft mit Diderot hat d'Alemberts Produktivität besonders auf dem Gebiete der Mathematik der Enzyklopädie zugute kommen lassen. Sein *Discours préliminaire* von 1751 ist bei aller darin geübten Zurückhaltung eine Programm- und Kampfschrift der Aufklärung. Der moderate Ton nahm dem Unternehmen viele Angriffsflächen; in der Sache ist sich d'Alembert freilich weithin mit Diderot einig, der sich fast überall sehr viel schärfer geäußert hat. Daran änderte auch d'Alemberts Rücktritt als Herausgeber der Enzyklopädie nichts. Wie sehr er mit der antiklerikalen Politik der radikalen Aufklärung übereinstimmt, zeigt seine Schrift *De la destruction des Jésuites en France, par un auteur désintéressé* (1767). D'Alemberts eigene Position zu religiösen Fragen ist in seinem Brief vom 30. November 1770 an Friedrich den Großen dargelegt. Die christlichen Ideen von sozialer Gerechtigkeit erscheinen ihm hier wichtiger als die dogmatischen Streitigkeiten der Kirchengeschichte.

Angeregt durch seine Freundin Julie de Lespinasse schreibt d'Alembert nun auch gelegentlich kleinere Aufsätze zu literarischen und historischen Themen, die in mehreren Bänden von 1752 an unter dem Titel *Mélanges de littérature, d'histoire et de philosophie* erschienen. Der letzte Band, 1767 erschienen, ist d'Alemberts letztes philosophisches Werk.

D'Alemberts großes Ansehen in der wissenschaftlichen und literarischen Welt seiner Zeit brachte ihm viele Ehren ein. Auf seine persönliche Bescheidenheit, von der übereinstimmend viele seiner Zeitgenossen sprechen, ist es indessen zurückzuführen, daß er die glänzenden Angebote Friedrichs des Großen ausschlug, als Nachfolger von Maupertuis Präsident der Berliner Akademie der Wissenschaften zu werden. Erst nach langem und intensivem Briefwechsel nahm d'Alembert den Ehrensold von jährlich 1200 Livres an, den Friedrich ihm zahlte. Er hat den König zweimal besucht, 1755 in Wesel am Rhein und 1763 in Potsdam. Die Einladung der Zarin Katharina II., mit der er gleichfalls korrespondierte, gegen ein Jahresgehalt von 100000 Livres Erzieher ihres Sohnes Paul zu werden, lehnte er ab, da er sich pädagogisch für inkompetent hielt.

Die letzten Lebensjahre d'Alemberts waren durch Krankheit und wachsende Vereinsamung gekennzeichnet. 1776 nimmt sich seine Lebensgefährtin Julie de Lespinasse das Leben, ein Verlust, den er nicht überwunden hat. Hiervon zeugen zwei Nachrufe: *Aux Manes de Mlle. de Lespinasse* und *Sur la tombe de Mlle. de Lespinasse*. Ein Jahr später starb auch Madame Geoffrin, und ihr Salon mußte schließen. Wiewohl mehr bedeutende Literaten und Gelehrte denn je seine Gesellschaft suchten, haben doch diese Kontakte kaum mehr Niederschlag gefunden. Im Jahre 1783 verschlechterte sich sein Gesundheitszustand entscheidend, und am 29. Oktober 1783 verstarb er an einem Blasenleiden. Die Leiden der letzten Jahre haben ihn nicht fromm gemacht: Den Beistand der Kirche und ein rituelles Begräbnis wies er entschieden zurück.

Kurze Geschichte der Enzyklopädie

Die Enzyklopädie hat mit dem Plan zu einer Gelegenheitsarbeit begonnen. Der Verleger Breton hatte 1746 dem damals ganz mittellosen und unbekannten Diderot den Auftrag erteilt, die englische *Cyclopaedia* von Ephraim Chambers, die schon 1728 in zwei Bänden erschienen war, ins Französische zu übersetzen. Diderot hat dieses Projekt jedoch sogleich vollkommen verändert. Das englische Originalwerk war nur eine ziemlich willkürliche Sammlung von Artikeln, deren Verbindung untereinander gar nicht deutlich wurde. Dennoch diente das Werk zur Anregung, das Wissen der Epoche in großem Maßstab zu sammeln und von kompetenten Autoren darstellen zu lassen.

Das Material, das so disparate Gegenstände wie landwirtschaftliche Anbaumethoden und metaphysische Lehrstücke umfaßte, war in jedem Artikel abgeschlossen darzustellen und darüber hinaus in systematische Zusammenhänge zu bringen. Das geschah in einem komplizierten Verweissystem, in dem die verschiedensten Artikel einander zugeordnet wurden, um den zugrunde liegenden Stammbaum des Wissens[1] zu konkretisieren, gelegentlich, bei politisch gefährlichen Themen, auch um die Zensur hinters Licht zu führen. Das Schema, das den Verweisen zugrunde lag, war Francis Bacons Werk *De dignitate et augmentis scientiarum* entnommen.

In den Händen von Diderot nahm schon die Konzeption des neuen Sammelwerkes riesige Ausmaße an. Um mit den namhaften Gelehrten seiner Epoche in Kontakt zu kommen, brauchte Diderot die ständige Mitarbeit eines Gelehrten, der seine aufklärerischen Intentionen teilte. So konnte er 1747 d'Alembert zur Mitarbeit in der Herausgeberschaft gewinnen. D'Alemberts Aufgabe bestand darin, die bedeutendsten Mitglieder der Französischen Akademie der Wis-

1 Cf. hier S. 116f.

senschaften, deren Mitglied er selber war, sowie die literarisch einflußreichen Aufklärer produktiv für das Projekt zu interessieren, während Diderot zunächst mehr die eigentlich redaktionelle Arbeit übernahm.

So hatten die Herausgeber schon vor Erscheinen des ersten Bandes die wichtigsten Aufklärer als Autoren gewonnen. Voltaire schrieb zu verschiedenen Gegenständen, Rousseau zunächst über Musik, später einen großen Artikel über politische Ökonomie, Montesquieu über den Geschmack, Quesnay und Turgot über ökonomische, Holbach über naturwissenschaftliche, der Chevalier de Jaucourt über medizinische Gegenstände. Die Beiträge vieler Fachleute auf Spezialgebieten erweiterten das Spektrum der Enzyklopädie über den Umkreis der »belles lettres« hinaus um die Techniken von Handwerk und Manufaktur. Obwohl die meisten Enzyklopädisten offen eine antikirchliche Position vertraten, haben die Herausgeber doch nicht darauf verzichtet, Fragen der Dogmatik und des Kirchenrechts abhandeln zu lassen. Hierzu konnten sie Theologen gewinnen, die sich im Intrigensystem des ancien régime nicht korrumpiert hatten und in zumindest skeptischer Distanz zur christlichen Dogmatik standen, wie die Abbés Yvon, Morellet, de Prades, Mallet. Juristische und staatstheoretische Stichworte wurden außer von Diderot von liberalen Richtern bearbeitet, die dem Amtsadel, der »noblesse de robe«, angehörten. Diderot selbst hat eine Vielzahl von Artikeln zu verschiedenen Wissensgebieten verfaßt, d'Alembert konzentrierte sich mit einigen Ausnahmen auf die Mathematik. Der größte Teil der Autoren ist freilich heute kaum noch bekannt, aber eine genaue Analyse zeigt, daß die Enzyklopädie schon vor dem Erscheinen des ersten Bandes ein weit verzweigtes Unternehmen war, das von einflußreichen Kreisen mitgetragen wurde.[2]

Der erste Band des Gemeinschaftswerkes wurde durch Diderots *Prospectus de l'Encyclopédie* angekündigt, eine kurze Programmschrift, die zur Subskription einlud. Ein Jahr darauf, 1751, erschien der Band mit d'Alemberts *Discours préliminaire*. Der Beifall war zunächst allgemein und sicherte den geschäftlichen Erfolg des Verlegerkonsortiums.

2 Zu diesen historischen Zusammenhängen cf. die beiden Standardwerke von J. Proust, *Diderot et l'Encyclopédie*, Paris 1962 und *L'Encyclopédie*, Paris 1965

Mit dem zweiten Band, der 1752 veröffentlicht wurde, begann dann die Geschichte der politischen Verfolgung der Enzyklopädie. So formierte sich die klerikale Abwehr auf zwei Seiten. Das *Journal de Trévoux* der Jesuiten und besonders Pater Berthier einerseits und ihre innerkirchlichen Gegner, die Jansenisten mit ihren *Nouvelles ecclésiatiques* andererseits, bereiten die Atmosphäre vor, in der 1752 die Enzyklopädie vom König verboten wird. Zur Begründung wird angegeben, daß das Werk die Autorität zerstöre sowie Unglaube und Sittenverwilderung Vorschub leiste.

In dieser Situation erhielt das Unternehmen Schutz von unerwarteter Seite. Der königliche Direktor des Verlagswesens, Malesherbes, der oberste Zensor, warnte Diderot vor einer drohenden Beschlagnahme des Materials für den dritten Band der Enzyklopädie. Diderot brachte die gefährlichen Unterlagen zu Malesherbes, der sie vor klerikalem Zugriff bewahrte. Drei Monate nach dem Verbot erging dann die königliche Aufforderung, die Arbeit fortzusetzen. Dies war der Intervention von Madame de Pompadour zu verdanken, die mit der Wiederzulassung der Enzyklopädie ihre jesuitischen Feinde treffen wollte.

So konnte 1753 der dritte Band erscheinen, der wiederum von d'Alembert mit einer Vorrede versehen wurde, in der die inzwischen immer lautere reaktionäre Polemik zurückgewiesen und die Absicht des Werkes bekräftigt wird. Der immer heftigere Streit hat indessen der Verbreitung der Enzyklopädie letzthin nur gedient. Die Zahl der Abonnenten wuchs, bis sie 1757 viertausend erreichte, für damalige Verhältnisse ein großer Erfolg. Andererseits gaben sich die Feinde nicht geschlagen. Die von Fréron 1754 gegründete Zeitschrift *L'année littéraire* hatte gar keinen anderen Zweck, als die Enzyklopädie zu bekämpfen. Die vorsichtige Protektion Malesherbes' verhinderte größeren Schaden. Bis 1757 konnte so jedes Jahr ein Band erscheinen. Die Gesellschaft der Enzyklopädisten schließt sich durch die Verfolgungen immer enger zusammen. Einige Salons sind für ihren Zusammenhalt besonders wichtig: Man trifft sich bei Madame du Deffand, Madame Geoffrin und vor allem bei Holbach zu vertraulichen Versammlungen.

Gegen Ende des Jahres 1757 erschien der siebente Band der Enzyklopädie, der wieder große Entrüstung der Gegner hervorrief, da zahlreiche Artikel die etablierte Autorität und den kirchlich approbierten Glauben angreifen. D'Alemberts Artikel »Vermögen« unterscheidet rechtlich erworbenen bürgerlichen Reichtum vom durch Intrigen erschlichenen des Höflings, Holbachs Beitrag »Fossil« äußert Zweifel am biblischen Bericht über die Sintflut, d'Alemberts Artikel »Genf« schließlich fordert die Wut des Genfer reformierten Fanatismus heraus, da er das in dieser Stadt geltende Theaterverbot attackiert. Rousseau nahm den Artikel zum Anlaß, sich von den Enzyklopädisten ganz loszusagen. Das Attentat Damiens' gegen den König im Januar 1757 hatte schon zu einem generellen Verbot subversiver Literatur geführt und wurde nun auf die Enzyklopädie angewandt. Bevor es zu dem erneuten Verbot kam, erschien Helvétius' Buch *De l'esprit*, dessen Lehre als die materialistische Moral der Enzyklopädie ausgelegt wurde. Die devote Partei erreichte daraufhin schließlich 1759 einen Beschluß des Staatsrates, der die Druckerlaubnis für die Enzyklopädie aufhob.

Das Werk erhielt einen weiteren schweren Schlag durch den Rückzug d'Alemberts von der Herausgeberschaft. Der Kampf mit den politischen Gegnern und die ständige Gefahr staatlicher Sanktionen hatten ihn zermürbt. Jedoch lieferte er auch weiterhin zahlreiche Beiträge zur Mathematik. Die Gesamtredaktion war nun allein Diderots Aufgabe, der freilich den überaus aktiven Chevalier de Jaucourt zu seiner Unterstützung gewann.

Das Verbot des Jahres 1759 konnte Diderot wiederum unterlaufen, da Malesherbes es zuließ, daß die Subskribenten nicht durch Geld, sondern durch Bände mit bildlichen Darstellungen entschädigt wurden. Diderot nutzte diese Gelegenheit, um die naturwissenschaftlichen und technischen Artikel sorgfältig zu illustrieren. Das Resultat ist eine bis dahin nie dagewesene Sammlung von Bildmaterial, das den Stand der Produktivkräfte vor der industriellen Revolution erkennen läßt. Hinter dieser legalen Tätigkeit konnte Diderot die Vorbereitung der weiteren zehn Textbände verbergen. Erst 1765 erschienen sie auf einmal und wurden heimlich an die Subskribenten verteilt. Diderots Vorgehen wurde erleichtert durch die Auflösung des Jesuitenordens in Frankreich im Jahre 1762. Jedoch war auch die letzte Periode der redaktionellen Arbeit an der Enzyklopädie von Rückschlägen begleitet. Bei der Durchsicht der bereits gedruckten Bände bemerkte Diderot 1764, daß der Verleger Le Breton aus Angst vor der Bastille einige kritische Passagen noch nach den Korrekturen eigenmächtig gestrichen hatte. Der Schaden erschien ihm unabsehbar, aber um das Unternehmen nicht noch ganz am Ende zu diskreditieren, konnte er die opportunistischen Eingriffe noch nicht einmal öffentlich anklagen.

Die Textbände waren 1766 sämtlich erschienen. Die elf Tafelbände folgten noch bis 1772. Vier nachträgliche Ergänzungsbände mit einem zusätzlichen Band Tafeln und zwei Registerbänden schließen das ganze fünfunddreißigbändige Werk 1780 ab.

Das Projekt, das Herausgeber und Autoren heftigen Anfeindungen aussetzte und mehrfach in unmittelbare Gefahr brachte, war für die Verleger von Anfang an ein glänzendes Geschäft. Herstellung und Vertrieb des Werkes ließen ein riesiges privatkapitalistisches Unternehmen entstehen. Die Verleger beschäftigten ständig etwa zweihundert wissenschaftliche Mitarbeiter und etwa tausend Handwerker, Drucker, Buchbinder und Kupferstecher. Nach Abzug von etwa 1 160 000 Livres Herstellungskosten blieb für das Verlegerkonsortium ein Reingewinn von ungefähr 2 600 000 Livres. Demgegenüber waren die Honorare, von denen Diderot seinen Lebensunterhalt bestreiten mußte, äußerst bescheiden. Für seine mehr als zwanzigjährige Tätigkeit erhielt er nur 80 000 Livres. Der Chevalier de Jaucourt war gezwungen, sein Haus zu verkaufen, um Sekretäre zu bezahlen, die für die fristgerechte Herstellung der Manuskripte sorgten. Ein vollständiges Exemplar der Enzyklopädie kostete etwa 900 Livres und überstieg damit das Jahreseinkommen eines Arbeiters oder kleinen Handwerkers. Spätere und billigere Oktavausgaben, die bis in die Revolutionszeit hinein erschienen, haben die epochale Wirkung des Werkes gesteigert, aber die Verbreitung blieb doch auf die revolutionäre bürgerliche Klasse beschränkt.

Der historischen Ausbreitung der Aufklärung waren damit materielle Grenzen gesetzt, die ihrer Idee der universalen Vernunft widersprechen. Um dennoch Öffentlichkeit zu erreichen, hat sich die Aufklärung an ein System binden müssen, das ihre Wirksamkeit aufzuheben strebt.

GÜNTHER MENSCHING

Die Enzyklopädie und das Subjekt der Geschichte

Die Aufklärung hat die Welt nicht bloß interpretiert, sondern verändert. Die Philosophie hatte nach aufklärerischem Verständnis vornehmlich den Aberglauben und die Vorurteile zum System erhoben, die den größten Teil der Menschheit bis dahin in Dummheit und Knechtschaft festhielten. Die phantastischen Fabeln der Religion hatten die Erlösung im Jenseits versprochen und damit die Menschen gegenüber geistlicher und weltlicher Herrschaft gefügig gemacht. Das geltende Recht normierte einen gesellschaftlichen Zustand, der die Willkür weniger Mächtiger privilegierte, eine stets wachsende Mehrheit aber des rechtlichen Schutzes beraubte. Die Wissenschaften, die sich der Erkenntnis der Natur widmeten, die ökonomischen Gesetzmäßigkeiten der zeitgenössischen europäischen Gesellschaft oder Geschichte und Lebensweise außereuropäischer Völker erforschten, beruhten auf Initiativen von Privatleuten und hatten keine gesellschaftliche Organisationsform, zumal die Universitäten des 18. Jahrhunderts sich der modernen Forschung verschlossen. Deren Fortschritte kamen nur wenigen Zweigen der Luxusproduktion zugute, während sich die Gesellschaft weiterhin vorwiegend nach feudalem Muster technisch rückständig reproduzierte. Handwerk und Landwirtschaft schienen an den wissenschaftlichen und technischen Pionierleistungen der Epoche nicht partizipieren zu können.

Diese trotz der absoluten Monarchie anarchische Situation hat die Aufklärung als das Übel erkannt, gegen das es alle Kräfte aufzubieten galt. Der Widerspruch zwischen raffinierter artistischer Naturbeherrschung und den durch sie bestimmten aristokratischen und großbürgerlichen Lebensformen einerseits, den elenden Verhältnissen und der ahnungslosen Unaufgeklärtheit des niederen Volkes andererseits hat eine Bewegung entstehen lassen, die schon zu Beginn des 18. Jahrhunderts mit den etablierten politischen

Mächten des ancien régime in fortwährenden Konflikt geriet. Die Zerrissenheit der gesellschaftlichen Verhältnisse, in denen die Herrschenden die längst untergegangene mittelalterliche Welt beerbt hatten, die Beherrschten aber, des Schutzes der überkommenen Institutionen beraubt, fast nur noch das Objekt der seigneuralen und fiskalischen Ausplünderung waren, schien den bürgerlichen Stand dazu zu bestimmen, die Vernunft herzustellen, die theoretisch denkbar war.

Im Kampf gegen vielfältige Reglementierung und Unterdrückung war das städtische Bürgertum, zumal in England und Frankreich, zum Träger eines neuen Bewußtseins geworden. Durch seine ökonomischen Erfolge in Handel, Geldgeschäft und frühindustrieller Produktion war es gesellschaftlich gesichert und von der Gnade der Herren relativ unabhängig. Wenngleich es noch keine einheitliche Klasse war, so artikulierte es doch im Verlaufe des 18. Jahrhunderts immer deutlicher ein einheitliches Selbstbewußtsein. Kritisch gegen die zerfallende und korrupte ständische Ordnung, die sich ohnehin nur durch stets wachsende Repression behaupten konnte, steht dieses Bewußtsein unter der Idee der Autonomie. Sollten, wie Kant es formulierte, die Menschen aus selbstverschuldeter Unmündigkeit, sich befreien und öffentlichen Gebrauch von ihrem Verstande machen, so kommt hierin die Intention der Aufklärung insgesamt zum Ausdruck. Kant sieht die Bestimmung des Gelehrten in der unbeschränkten Veröffentlichung seiner Erkenntnis, auch dann wenn sie Herkömmliches auflöst, weil nur das grundsätzlich allen zugängliche Wissen jene Selbstbestimmung ermöglicht, welche die Aufklärung mit dem Telos von Vernunft ineinssetzt. Dieser Gedanke entwickelte seine Sprengkraft gegen die staatliche und kirchliche Verfolgung, die in Zensur, Scheiterhaufen und Bastille ihre omnipräsenten Werkzeuge hatte.

Der aufklärerische Begriff der Wissenschaft, der in der Mitte des 18. Jahrhunderts scharf artikuliert wird, nimmt endgültig von der interesselosen Schau ewiger Wesenheiten Abschied, welche das Denken der Antike und des Mittelalters weithin geprägt hatten. Nach der Überzeugung der fortgeschrittensten Autoren der Epoche hat alle wissenschaftliche Erkenntnis einen praktisch-politischen Zweck. Ohne ein letzthin materielles Interesse kann es keine Wissenschaft geben, und selbst die Kunst ist nicht Abbild göttlicher

Weltharmonie, sondern Objektivation des guten Geschmacks, über den die beteiligten Subjekte, Produzent und Rezipient, verfügen müssen. In allen vorgeblich rein geistigen Tätigkeiten der Menschen schaffen sie sich selbst die Voraussetzungen für eine Mündigkeit, die die Aufklärung als historisch noch nie dagewesenen Zustand der Menschheit begriff.

Stärker und über eine längere Zeit als in England hat die absolutistische Staatsmacht in Frankreich dem Bürgertum und seinen intellektuellen Exponenten die Gestaltung der politischen Verhältnisse verweigert. Unter diesem Druck gelangte das bürgerliche Denken zu dem epochalen Bewußtsein eines historischen Umbruches, der alle alten Abgrenzungen des Geistes innerhalb seiner eigenen Sphäre und gegenüber der gegenständlichen Tätigkeit aufheben und politisch der abstrakten Idee der Menschheit erst materielle Gewalt verschaffen würde. So schreibt Holbach: »Die Menschheit ist ein Band, das unsichtbar den Bürger von Paris mit dem Bürger von Peking verbindet. Sie ist eine Übereinkunft, die gleichermaßen alle Mitglieder der großen Familie verpflichtet, in der die verschiedenen Völker der Erde nur die zerstreuten Individuen sind. Diese Übereinkunft ist das Unterpfand unserer Art; sie gibt jedem von uns das Recht, Gerechtigkeit, Mitleid und Wohltaten von jedem empfindenden Wesen zu verlangen, gleich welchem Lande, welcher Religion oder welchem Stande es entstammen mag. Krieg, Grausamkeit, Eroberungen, Intoleranz und Härte sind der Menschheit entgegengesetzt.«[1]

Was sich wie ein moralisches Postulat darstellt, ist vielmehr Ausdruck der Einsicht, daß die menschliche Gattung nicht durch die natürliche Ordnung allein schon zur politischen Einheit bestimmt ist, sondern diese erst durch bewußten Willen herstellen muß. Die Übereinkunft, die Holbach wie einen Vertrag betrachtet, hat freilich zur materiellen Bedingung, daß die vielfältigen, scheinbar unüberwindlichen Naturschranken einer vernünftigen Gestalt der Reproduktion gewichen sind. Der aufklärerische Impuls, der die Gewaltverhältnisse durch Vertragsverhältnisse beenden will, die in einem universalen Rechtszustand begründet sind, verknüpft sich mit der Bestrebung, die Wissenschaft systematisch

1 Holbach, *Système social*, Bd. 1, London 1773, S. 110 (Übers. von mir, G. M.)

auf den Fortschritt der Naturbeherrschung zu richten. Denn nur die Befreiung der Menschen von den Zwängen der unerkannten Natur konnte die Voraussetzung politischer Emanzipation schaffen.

Das aufklärerische Bewußtsein des Aufbruchs in eine allererst herzustellende moderne Welt unterscheidet sich indessen scharf von den früheren messianischen und chiliastischen Bewegungen. Wenn diese auch den Beginn eines neuen Äons verkündeten, so hatte ihre Botschaft mit der Gestaltung des materiellen Lebens der Menschen in der irdischen Gesellschaft nichts zu tun. Der utopische Traum von einem kommenden Gottesreich, vielfach Ausdruck des Protestes gegen reales Elend, mußte abstrakt bleiben, denn abgesehen von Willkür und Gewalt der Herrschenden blieben die materiellen Gründe des Elends unbekannt. Naturvorgänge, deren geschickte Nutzung in gesellschaftlichem Maßstab viele Arbeiten erleichtern, neue Produktionsverfahren begründen und das Schicksal der Menschen ändern können, sind der religiösen Begeisterung fremd. Die Aufklärung aber will die Schranke des ewigen Jenseits durchbrechen und den diesseitigen Menschen zueignen, worauf sie in der Vergangenheit immer asketisch verzichten mußten: »Physische Seelen und physische Bedürfnisse verlangen ein physisches Glück und wirkliche Gegenstände, die den Hirngespinsten vorzuziehen sind, mit denen man so viele Jahrhunderte lang unseren Geist abgespeist hat. Wir müssen für das *Physische* des Menschen sorgen, es ihm angenehm machen, und bald werden wir sehen, daß seine *Moral* besser und glücklicher, seine Seele friedlich und heiter und sein Wille durch natürliche und faßliche Beweggründe, die man ihm zeigt, zur Tugend bestimmt wird. [...] Die Seelen werden immer verdorben bleiben, wenn die Körper Not leiden.« [2]

Um diesen Fortschritt zu erreichen, ist die europäische Zivilisation als ganze in Bewegung geraten, und die Wissenschaft, die der Aufklärung allein legitim erschien, hat diese objektiv schon längst wirksame Kraft in der Geschichte zu begreifen und zu befördern. Darin besteht auch die der Epoche angemessene Aufgabe der Philosophie. Fast schon an deren Ende hat Condorcet diese praktische Einheit der Wissenschaften noch einmal hervorgehoben: »Muß

2 Holbach, *System der Natur,* übers. v. F.-G. Voigt, Berlin 1960, S. 79f.

nicht endlich das Menschengeschlecht besser werden, sei es infolge neuer Entdeckungen in Wissenschaft und Technik, wodurch zugleich die Mittel des privaten Wohlstands und der allgemeinen Wohlfahrt notwendigerweise anwachsen; sei es endlich durch die wirkliche Vervollkommnung der intellektuellen, moralischen und physischen Anlagen, die gleichfalls die Folge der Vervollkommnung entweder der Werkzeuge sein kann, welche die Kraft dieser Anlagen steigern und ihren Gebrauch lenken, oder die Folge der Vervollkommnung der natürlichen Organisation des Menschen selber?« [3]

Die Hoffnung auf eine fortschreitende Veränderung alles bloß Gegebenen und Überlieferten führt die radikale Aufklärung dazu, der Wissenschaft ihren affirmativen Bezug zu einer als rein objektiv vorgestellten Seinsordnung zu nehmen. Die Welt ist deshalb nach diesem Verständnis stets etwas von Menschen Produziertes. Die Bestimmungen der Natur an sich sind letzthin nur interessant, sofern sie in die vernunftgeleitete gegenständliche Tätigkeit eingehen. Die offenkundige Abkehr vom kontemplativen Ideal der Wissenschaft, nach dem die Erkenntnis der Dinge die Vernunftseele auf ihrem Weg aus der Verlorenheit in die materielle Mannigfaltigkeit zurück zu ihrem göttlichen Ursprung befördern sollte, scheint in der Gegenwart vielen als Allmachtsphantasie der technokratischen Hybris. Aber diese Wendung hat die alte, in der Vergangenheit immer abstrakt idealistische Lehre, der Mensch sei mehr als ein bloß physisches Wesen, erst wahr gemacht. Die Freiheit von der Natur wurde, paradox, erst durch den aufklärerischen Materialismus mehr als ein bloßer Glaube, obwohl die konsequentesten Vertreter dieser Richtung die illusionäre Freiheit gegenüber der Naturkausalität negierten: »Jenes so tiefe und dennoch illusorische Gefühl, das wir von unserer Freiheit haben, gründet sich nur auf unsere Unwissenheit. [...] Würde jeder Mensch nur ein wenig seine eigenen Handlungen prüfen, deren wirkliche Verkettung aufdecken, so wäre er bald davon überzeugt, daß das Gefühl, das er von seiner eigenen Freiheit hat, ein Trugbild ist, das durch die Erfahrung bald zerstört wird.« [4]

Diese genaue Erkenntnis der wirklichen Motive des Handelns bezieht sich auch auf die Wirkung von Naturursachen, die eine ideali-

3 Condorcet, *Entwurf einer historischen Darstellung der Fortschritte des menschlichen Geistes*, übers. v. W. Alff, Frankfurt am Main 1963, S. 347
4 Holbach, *System der Natur*, S. 156

stische Theorie immer außer acht läßt. Das Subjekt, das bei dieser Erkenntnis immer vorausgesetzt ist, erlangt durch sie die Bedingung möglicher Verfügung über Naturprozesse, die ihm als unbekannte reale Determination aber das irreale Gefühl der Freiheit verschaffen. Die Erkenntnis der Determination kann deren Zwang lösen und die Souveränität des Subjekts gegenüber seinen Existenzbedingungen erweitern. Werden in diesem Sinne Krankheiten von Menschen und Tieren oder die Unfruchtbarkeit des Bodens nicht mehr als Prüfungen Gottes, sondern als physisch beeinflußbare Vorgänge erkannt, so vergrößert sich die Distanz des Menschen zur Natur gerade in dem Maße, in dem die Verflochtenheit seines Lebens in die Natur ins Bewußtsein tritt.

Noch mehr gilt dies für die zweite, gesellschaftliche Natur: Die Aufklärung bildet als erste Epoche der Geschichte ein geschärftes Bewußtsein dafür aus, daß die gesellschaftliche Form, in der Menschen ihr Leben reproduzieren, eine eigene Gesetzmäßigkeit hat. Die politische Ökonomie tritt als neue Wissenschaft auf, deren Erkenntnisse den Reichtum der Völker vermehren sollen. Die bestimmende Intention der aufklärerischen Sozialwissenschaften war eine bewußte Veränderung der Gesellschaft, die nicht länger die Beständigkeit des Herrschaftssystems, sondern das Glück der größten Zahl verwirklichen sollte. Denn die Regelmäßigkeiten der zweiten Natur sind immer Resultate historischer Entwicklung, und deshalb gibt es für die Aufklärung auch keine »natürliche« Gesellschaft, nicht einmal die Triebkräfte der Individuen sind unabänderliche Gegebenheiten, vielmehr werden sie erst in einer historisch sich verändernden Gesellschaft geprägt. In diesem Sinne konnte Helvétius Erziehung und Gesetzgebung als jene Künste darstellen, vermöge derer die Veränderung der Welt am Individuum und zugleich am Allgemeinen, der Gesellschaft, ansetzen soll.

Alle theoretischen Entwürfe, in denen die Aufklärung ihr praktisches Interesse artikulierte, setzen, oft ganz selbstverständlich, ein Subjekt voraus, das sie verwirklicht. Das Bedürfnis, die realen Ursachen des Zwanges und der Unfreiheit zu erkennen, ist Moment einer Bewußtwerdung, die die fraglose Natürlichkeit der überlieferten Herrschaft mit Grund in Frage stellt. Die von den Herrschenden ausgeübte Gewalt erweist sich als Unrecht, da der materielle Grund für die politische Herrschaftsordnung, die agrarisch-feudale Produktionsweise, sich auflöste. Da Landbesitz tendenziell zu Kapital wird und die beschränkte handwerkliche Produktion mechanisiert immer größere Gütermengen herstellt, die als Waren auf dem Markt erst ihre Käufer finden, wird ein Widerspruch manifest. Die vom Lande vertriebenen Bauern schaffen als mittellose Arbeiter in den sich herausbildenden Fabriken immer mehr nützliche und begehrenswerte Gegenstände, in deren Genuß sie selbst nicht kommen. Gesellschaftlicher Reichtum und Armut wachsen gleichzeitig – für die Aufklärer ein sicherer Beweis für die Hinfälligkeit der traditionellen theologisch-naturrechtlichen Begründung der ständischen Ordnung. Die technische Verfügung über die Natur weitet sich aus und wird durch die Wissenschaft gesteigert. Die hierdurch mögliche gleichmäßigere Verteilung des gesellschaftlichen Reichtums wird aber vom absolutistischen Privilegiensystem verhindert.

Diesen Zustand hat schon Helvétius als Anarchie der Interessen bestimmt: Die feudale Ordnung, in der jedem Stande das Seine zukommen sollte, war im 18. Jahrhundert eine vielfältig antagonistische Gesellschaft, in der der König nur scheinbar absoluter Herrscher war. Die Bitterkeit, mit der diese Widersprüche erfahren wurden, ist das Movens der aufklärerischen Gesellschaftskritik. Schon am Anfang des 18. Jahrhunderts verurteilt der Abbé Meslier mit auch später kaum je wieder erreichter Radikalität jede Form von Herrschaft und deren betrügerische geistliche Verklärung. Oft vorsichtiger in ihren Äußerungen, haben die späteren Aufklärer, und zumal die Enzyklopädisten, in der Sache die Schärfe Mesliers nicht zurückgenommen. Die alten Herrschaftsinstitutionen und ihre Legitimation durch Theologie, Philosophie und Rechtswissenschaft sind voller fundamentaler Widersprüche, die ihren moralischen Mangel offenbaren.

In der Mitte des 18. Jahrhunderts konzipieren deshalb die konsequentesten Aufklärer, die sich ihrer geschichtlichen Situation bewußt waren, die Idee einer Wissenschaft, in der alle zerstreuten Fortschritte der Erkenntnis und ihrer Anwendungen planvoll vereinigt sind, so daß sie einem möglichen Subjekt der überall bereits greifbaren historischen Bewegung zu Gebote stehen. Die Aufklärung setzt sich seit der Vorbereitung der von d'Alembert und Diderot herausgegebenen Enzyklopädie als die historisch bestimmende geistige Kraft durch. In der Enzyklopädie wird ihre leitende Idee manifest: die Menschheit als das aus Wissen handelnde Subjekt ihrer eigenen Geschichte.

D'Alemberts Einleitung in das Werk, das mehrere hundert Mitarbeiter viele Jahre beschäftigte, ist ein Manifest der Intentionen, die die Autoren verbanden. Sie hat den epochalen Aufbruch des aufklärerischen Denkens zum Thema, durch welchen der reflektierende Verstand der objektiven Einheit des Selbstbewußtseins inne wurde. Wenn d'Alembert auch noch nicht die Kantische Transzendentalphilosophie vorlag, so wird aus seinen Erörterungen dennoch klar, daß die Enzyklopädie mehr als ein Sammelwerk punktueller Beiträge darstellt, sondern die innere Organisation der Gegenstände des Wissens ebenso repräsentieren muß wie den praktischen Zweck ihrer Erkenntnis: »Hat man auch über den Zusammenhang der verschiedenen Entdeckungen wenig Betrachtungen angestellt, so ist doch unschwer zu erkennen, daß Wissenschaften und Künste sich gegenseitig weiterhelfen und daß infolgedessen etwas Gemeinsames sie verbinden muß. Wenn es aber oft schon schwierig genug ist, Wissenschaften und Künste im einzelnen auf eine kleine Anzahl von Regeln oder Grundbegriffen festzulegen, so ist es nicht weiter schwer, die unendlich verzweigte Vielfalt des menschlichen Wissens in einem einheitlichen System unterzubringen.«[5]

Damit rührt d'Alembert an das zentrale Thema neuzeitlichen Denkens, das sich seit der Renaissance in der Naturwissenschaft auf eine neue Weise objektiviert. Postuliert die Enzyklopädie den weltbürgerlichen Zustand als den politischen Zweck aller Wissenschaft, so ist dies nicht deren Unterwerfung unter einen ihr heteronomen Gesichtspunkt, wie es die spätere Parole von der Wertfreiheit der Wissenschaft suggerieren möchte. Vielmehr ist die Einheit der Wissenschaft das Problem, das sich in der Neuzeit objektiv stellte, als die alte theologisch-metaphysische Konzeption von der Einheit der Welt von der nominalistischen Kritik aufgelöst war und die empirische Detailforschung Resultate zutage gefördert hatte, deren innere objektive Verbindung nun als notwendige zu begründen war. Solange das göttliche Sein allen Dingen in der Welt vor der menschlichen Erkenntnis sich univok oder analog mitteilen sollte, waren auch alle Gegenstände der Wissenschaft innerlich verbunden und

5 Hier S. 12

schienen deduktiv darstellbar. Die Einheit der Wissenschaft war folglich kein Problem, da die objektive Einheit ihrer Gegenstände im höchsten Sein verbürgt schien. Das änderte sich unwiderruflich, als die philosophische Reflexion die scheinbar denknotwendige Verbindung des allerrealsten Wesens zu den endlichen Dingen als menschliche Denkbestimmung durchschaute. So ließen sich über die Natur dieser Verbindung keine schlechthin gültigen Aussagen mehr machen, und folglich waren auch alle universalen metaphysischen Wesensbestimmungen der Dinge, die im göttlichen Intellekt gründen sollten, zu menschlichen Prädikationen herabgesetzt. Die Jahrhunderte des späten Mittelalters und der frühen Neuzeit bereiten das Bewußtsein vor, daß die menschlichem Denken und Handeln verfügbare Welt von ebendiesen Tätigkeiten konstituiert ist. Dieses nominalistische Bewußtsein hat in der auf die Aufklärung folgenden Periode zu einem neuen Idealismus geführt, dem zufolge das autonome Selbstbewußtsein als das Absolute die Welt selber schafft, um sich in ihr wiederzuerkennen. Entstehen damit im deutschen Idealismus die metaphysischen Probleme indirekt neu, die die nominalistische Kritik zu eliminieren glaubte, so hat die radikale Aufklärung zuvor in der Enzyklopädie eine Position entworfen, die der Autonomie des Subjekts Rechnung trägt, ohne sie zum Absoluten zu erheben.

Gründet also der Zusammenhang der Gegenstände des Wissens nach der Überzeugung der Enzyklopädisten nicht im göttlichen Intellekt, freilich auch nicht allein im menschlichen Selbstbewußtsein, so stellt sich die Objektivität menschlicher Erkenntnis als ein historisch-praktisches Problem dar. D'Alembert ist sich ebenso wie Diderot indessen darüber im klaren, daß hierdurch Fragen gestellt sind, deren Beantwortung Metaphysik und Gesellschaftstheorie gleichermaßen in Anspruch nehmen muß.

Mit der nominalistischen Grundüberzeugung, daß primär nur Einzeldinge, nicht aber ein ihnen vorgeordnetes Allgemeines existieren, stimmt d'Alembert vollkommen überein: »Wir können nicht oft genug wiederholen, daß die Natur sich nur aus Einzeldingen zusammensetzt, die den ursprünglichen Gegenstand unserer Empfindungen und unmittelbaren Wahrnehmungen darstellen. Zwar bemerken wir an diesen Einzeldingen gemeinsame Eigenschaften, die einen Vergleich zwischen ihnen möglich machen, und Verschiedenheiten, die sie voneinander abheben, und die Eigenschaften mit abstrakten Benennungen haben zur Bildung der einzelnen Klassen geführt, denen diese Gegenstände zugeordnet sind. Aber oft greift ein Gegenstand, der infolge einer oder mehrerer Eigenschaften der einen Klasse zugesprochen wurde, durch andere Qualitäten in eine andere über. [...] Die allgemeine Einteilung ist also zwangsläufig nicht frei von Willkür.«[6]

Die Ähnlichkeit hatte in der traditionellen Metaphysik als substantielle Bestimmung der Dinge gegolten, welche durch logische Klassifizierung ihre Wesensbestimmung ermöglichen sollte. Fallen Ähnlichkeit und Differenz der Dinge nach moderner kritischer Einsicht aber in das denkende Subjekt, so ist das Schema, nach dem die Dinge im Subjekt zueinander in Beziehung stehen, von deren Dasein ganz abgehoben. Es gäbe außerhalb des Denkens strenggenommen nur Einzelnes, jede Verbindung wäre subjektive Projektion. Eine solche radikal nominalistische Ontologie führt aber notwendig zu einem Agnostizismus, der kein theoretisches oder praktisches Problem zu lösen vermag. Die Naturbeherrschung wäre dann nicht möglich, da diese sich auf allgemeine Gesetze stützen muß, die das Einzelphänomen notwendig bestimmen. Nach dieser radikalen Position wären zudem die menschlichen Individuen von sich aus nicht auf eine vernünftige gesellschaftliche Allgemeinheit hingeordnet.

Hätten die Enzyklopädisten auf dieser extremen Position beharrt, so hätten sie ungewollt die Anarchie metaphysisch legitimiert, die sie gerade beenden wollten. So kam es darauf an, denkbar zu machen, daß die unzähligen singulären Dinge und Prozesse in der Natur untereinander Verbindungen aufweisen – ohne hinter die eigene Metaphysikkritik zurückzufallen. Die Stellung der Aufklärer zu dieser Frage ist indessen nicht einhellig. Während Holbach dazu neigt, die Ergebnisse der modernen Mechanik auf physische und moralische Welt gleichermaßen zu übertragen und so eine materialistische Ontologie zu konzipieren, gelangen Diderot und d'Alembert zur erkenntniskritischen Bestimmung wissenschaftlicher Objektivität, die es vermeiden kann, subjektive und objektive Momente aufeinander zu reduzieren.

Die metaphysische Voraussetzung aller Wissenschaft ist, daß die einzelnen Erscheinungen, die sich der Erkenntnis darstellen, inner-

6 Hier S. 47

lich auch unabhängig von der Beobachtung zusammenhängen. Aber die Initiatoren der Enzyklopädie haben nicht versucht, für diese notwendige Bedingung der Wissenschaft einen selber vom Denken unabhängigen Beweis zu suchen. Die Wahrheit der Behauptungen über die Einzelerscheinungen ergibt sich überzeugend nur in der ununterbrochenen Kette, die sich aus der wechselseitigen Beziehung von Erfahrung und Reflexion herstellt: »Alles läuft darauf hinaus, daß wir von den Sinnen zur Reflexion und von der Reflexion zu den Sinnen zurückkommen müssen. Unaufhörlich in sich gehen und aus sich herausgehen; das ist gewissermaßen die Arbeit der Biene. Viele Wege hat man vergeblich gemacht, wenn man nicht in den mit Wachs gefüllten Bienenstock zurückkehrt. Eine große Menge Wachs hat man nutzlos aufgespeichert, wenn man daraus keine Waben zu bilden vermag.«[7]

Die Gegebenheiten der physischen Außenwelt und die Produktionen des reflektierenden Verstandes treten hiernach in eine unlösliche Verbindung, in der sich Wissenschaft und Naturbeherrschung objektivieren. Die Verbindung besteht für die Enzyklopädisten weder in einem denkunabhängigen Nexus der Dinge noch ist sie bloßes Gedankenprodukt. In dieser wechselseitigen Verwiesenheit von Erfahrung und Reflexion, in der sich Elemente der Kantischen Vernunftkritik vorbereiten, konstituiert sich eine Gestalt von Wissenschaft, die mit der gegenständlichen Tätigkeit, der gesellschaftlichen Arbeit, in durchgängiger Beziehung steht. Der Lockesche Empirismus, dem die französische Aufklärung insgesamt verpflichtet ist, modifiziert sich schon hier durch ein rationalistisches Moment, dessen Verabsolutierung jedoch zu leeren Gedankensystemen führt: »Solange die Dinge nur in unserem Verstand bestehen, sind sie unsere Meinungen, das heißt Begriffe, die wahr oder falsch, anerkannt oder bestritten sein können. Beständigkeit gewinnen sie nur dadurch, daß sie in Verbindung mit den Dingen außer uns treten. Diese Verbindung erfolgt entweder durch eine ununterbrochene Kette von Erfahrungen – oder aber durch eine ununterbrochene Kette von Vernunftschlüssen, die einerseits an die Beobachtung und andererseits an die Erfahrung anknüpfen.«[8]

7 Diderot, *Gedanken zur Interpretation der Natur* IX, in: *Philosophische Schriften*, ed. Th. Lücke, Bd. I, Berlin 1961, S. 424
8 Diderot, l. c., S. 423

In diese Bewegung der Gedanken, die an die Erfahrungen anknüpft, die die handwerklichen Künste in langer Tradition am Material gewonnen haben, setzt die Enzyklopädie die Tätigkeit der Wissenschaft. Die Trennung der Reflexion von der Erfahrung führt zu jenem esprit de système, dessen Kritik in d'Alemberts *Discours préliminaire* eine zentrale Bedeutung hat. Die Behauptung der alten Metaphysik, die Welt an sich in den Wesensbegriffen der Dinge erkannt zu haben und geschlossen darstellen zu können, kann dieser Kritik ebensowenig standhalten wie die rationalistischen Versuche, aus der Selbstvergewisserung des reinen Gedankens die Natur mathematisch zu konstruieren: »Der Systemgeist bedeutet für die Naturwissenschaft dasselbe wie die Metaphysik für die Geometrie. Er ist zwar gelegentlich notwendig, um uns den richtigen Weg zu weisen, vermag uns jedoch fast nie aus sich selbst zur Erkenntnis zu führen. Seine aus der Naturbeobachtung gewonnenen Kenntnisse lassen ihn die Ursachen der Naturerscheinungen zwar vermuten: aber der Beweis des Vorhandenseins solcher Gründe bleibt der Berechnung vorbehalten.«[9]

Wenn die mathematische Methode die systematische Darstellung vieler Naturerscheinungen erlaubt, so ist sie mit der inneren Struktur der untersuchten Dinge doch nicht eins. Die Cartesianische Identität von Mathematik und Physik liefert nicht das metaphysische Kriterium, nach dem Einzelding und Gesetz zusammenstimmen. Die Mathematik ist für Diderot und d'Alembert, der selbst ein bedeutender Mathematiker war, nur eines der intellektuellen Instrumente, mit denen sich die Menschheit die Natur aneignet: »Das Reich der Mathematiker ist eine intellektuelle Welt, und was man dort für unbedingte Wahrheiten hält, verliert diesen Vorzug in vollem Umfang, sobald man es auf die Erde überträgt. Daraus hat man den Schluß gezogen, daß es Sache der experimentellen Philosophie sei, die Rechnungen der Mathematik zu verbessern, und diese Schlußfolgerung ist sogar von den Mathematikern gutgeheißen worden. [...] Daraus ist zu ersehen, daß die Mathematik [...] ohne die Erfahrung zu nichts Genauem führt; daß sie eine Art allgemeine Metaphysik ist, in der die Körper ihrer individuellen Eigenschaften beraubt sind, und daß wenigstens noch ein großes Buch zu schreiben

9 D'Alembert, hier S. 87

wäre, das man ›Anwendung der Erfahrung auf die Mathematik‹ oder ›Abhandlung über die Abweichung der Maße‹ nennen könnte.«[10]

Wenn weder die Substanzbegriffe der alten Metaphysik noch die eingeborenen Ideen des Rationalismus eine ansichseiende Ordnung der Natur wiedergeben, eine radikal nominalistische Insistenz auf der Singularität der Dinge aber dem überall greifbaren Erfolg der Naturwissenschaft und ihrer technischen Anwendung widerspricht, so lag es für die Wissenschaftstheorie der Enzyklopädie nahe, die unvermittelte Erkenntnis der Natur aufzugeben und vielmehr nach den Bedingungen zu fragen, unter denen die offensichtlich stimmigen Resultate der Wissenschaft zum Fortschritt der Menschheit als ganzer vereinigt werden können.

Die unlösbare Frage nach der Verbindung der Dinge an sich wandelt sich unter diesem Aspekt zum Problem des inneren Zusammenhangs von Erkenntnis. Für d'Alembert ist hierbei ein Begriff von Metaphysik legitim, in dem die Wendung zum Subjekt deutlich zum Ausdruck kommt. Die Erkenntnistheorie, welche Entstehung und Verbindung der Elemente des Wissens nicht nur in einem abstrakt isolierten Subjekt untersucht, sondern die historischen Bedingungen seiner Akkumulation zum Gegenstande hat, tritt bei d'Alembert an die Stelle der kritisierten Systeme: »In der Metaphysik ist die Zahl der Wahrheiten, die wir kennen, sehr klein; aber das wenige, das wir kennen, ist sehr gut verbunden, zumindest in jenem wesentlichsten und nützlichsten Teil der Metaphysik, der die Entstehung und Entwicklung der Ideen zum Gegenstande hat. Tatsächlich ist diese Forschung, recht verstanden und auf ihren eigentlichen Gesichtspunkt beschränkt, nichts als die Geschichte unserer Gedanken; alle Tatsachen, aus denen sich diese Geschichte ergibt, sind uns bekannt, da sie unser eigenes Werk sind, es bedarf nur noch anhaltender Aufmerksamkeit, um zu entdecken, durch welche Verkettung diese Tatsachen auseinander hervorgehen.«[11]

Diese neue Bestimmung des Gebietes der Metaphysik, in der ihr objektivistischer Schein negiert ist, läuft bei d'Alembert noch nicht

10 Diderot, l. c., S. 419f. Denselben Gedanken formuliert d'Alembert, hier S. 22f.

11 D'Alembert, *Essai sur les éléments de philosophie*, ed. R. Schwab, Hildesheim 1965, S. 39 (Übers. von mir, G. M.)

auf die Beschränkung auf die subjektive Bewußtseinsimmanenz hinaus. Vielmehr schließt die »Geschichte unserer Gedanken« den Prozeß ein, in dem diese sich stets notwendig auf ihre Gegenstände bezogen haben. Die Wissenschaftstheorie der Enzyklopädisten lehrt aber mehr als einen Empirismus im engeren Sinne, insofern der Zusammenhang der Erkenntnisse über deren bloß summative Einheit hinaus systematischen Charakter beanspruchen muß, um auch der einzelnen Erkenntnis Geltung zu verschaffen. Wenn auch ein deduktives System nach den nominalistischen Prämissen der Aufklärung unmöglich ist, so bedarf es doch als subjektiver Bedingung für die Objektivierung der Erkenntnis des »esprit systématique«, der den Zusammenhang ohne Reduktion auf erste Prinzipien stiftet: »Wenn es nur ›Systeme‹ dieser Art gäbe, dann würde genau genommen das Hauptverdienst eines jeden Naturforschers darin bestehen, Systemgeist zu besitzen, jedoch nie Systeme aufzustellen.«[12]

Die systematische Darstellung der Natur ist deren Interpretation durch das menschliche Erkenntnisvermögen, dessen Interesse von den Resultaten der Erkenntnis nicht abzulösen ist. D'Alemberts Idee einer Metaphysik der Erkenntnis, in der die gemeinsame Überzeugung der Enzyklopädisten sich ausdrückt, setzt daher die Prinzipien in die Verfahrensweise des menschlichen Intellekts, dem die systematische Frage nach den Gründen der Erscheinungen immanent ist: »Die Prinzipien unserer metaphysischen Erkenntnisse sind auch Beobachtungen über die Art, in der unsere Seele begreift und affiziert wird, Beobachtungen, die sich auf die noch viel unbekanntere Natur [...] dessen beziehen was in uns denkt und empfindet. [...] Wir wissen [...] das Warum und das Wie von nichts; auf dieses Wie und Warum müssen unsere Erkenntnisse gleichwohl zurückgreifen, um sich zu den Prinzipien aller Wahrheiten zu erheben, seien sie praktisch oder spekulativ.«[13]

Bevor Kant die Frage zu beantworten versuchte, wie Metaphysik als Wissenschaft möglich sei, hat die radikale Aufklärung die kritische Wendung zum Subjekt schon implizit vollzogen. In ihren fortgeschrittensten erkenntnistheoretischen Reflexionen wird ein zen-

12 Hier S. 87
13 D'Alembert, *Essai,* S. 63 f.

trales Motiv auch noch der Kantischen Transzendentalphilosophie deutlich. Zwar beziehen sich die Theoreme der Aufklärung vornehmlich auf empirische Bedingungen der Erkenntnis, aber der Impuls, der der Enzyklopädie innewohnt, bestimmt auch die Theorie des transzendentalen Subjekts. Wenn Kant der Frage nachging, aufgrund welcher notwendigen, in jedem erkennenden Einzelsubjekt immer schon wirksamen Bedingungen dessen Erkenntnisse allgemeine Geltung beanspruchen können und mit den Erkenntnissen jedes anderen empirischen Subjekts vereinbar sein müssen, so stand hierbei die faktische Geltung naturwissenschaftlicher Theoreme und deren systematische Vereinbarkeit untereinander gar nicht mehr zur Diskussion. Gesucht war vielmehr der Grund, der Geltung und Verbindung über die empirische Zufälligkeit erhebt.

Den Protagonisten der Aufklärung ging es demgegenüber darum, die Einheit der Wissenschaft in den zerstreuten empirischen Forschungen allererst herzustellen, den Prozeß organisierter Erkenntnis planvoll ins Werk zu setzen. Dabei steht d'Alembert wie Condillac, auf dessen Erkenntnistheorie sich der *Discours préliminaire* stützt, an der Schwelle der Einsicht in die objektive Einheit des Bewußtseins, die jede einzelne Entdeckung ermöglicht und folglich im Vollzug realer Erkenntnis schon vorausgesetzt ist, auch wenn sie selbst erst nachträglich Gegenstand philosophischer Selbstreflexion sein kann: »Die ersten Entdeckungen in den Wissenschaften waren so einfach und leicht, daß die Menschen sie ohne Hilfe irgendeiner Methode gemacht haben; sie konnten sich sogar erst Regeln ausdenken, nachdem sie schon Fortschritte gemacht hatten, die sie nun in die Situation versetzten zu bemerken, auf welche Weise sie zu einigen Wahrheiten gelangt waren und ihnen so zu der Erkenntnis verhalf, wie sie zu weiteren Wahrheiten kommen konnten.«[14]

Suchten die erkenntnistheoretischen Entwürfe Condillacs die Entstehung der Ideen aus einer ersten Affektion des Sensoriums zu demonstrieren, so stellte sich im Verlaufe der sensualistisch angelegten Analyse dieses Prozesses heraus, daß schon Empfindung und Wahrnehmung das integrale Bewußtsein und seine begriffliche Artikulationsfähigkeit voraussetzen, welche durch das sukzessive Zu-

14 Condillac, *Essai sur l'origine des connaissances humaines*, ed. C. Porset, Anvers-sur-Oise 1973, S. 136f. (Übers. von mir, G. M.)

sammentreten der Empfindungen zu Erfahrungen, Begriffen und Theorien erst entstehen sollten. D'Alemberts Reflexionen zum Stammbaum der Erkenntnisse folgen derselben erkenntnistheoretischen Orientierung, die schließlich die Perspektive der gesellschaftlichen Funktion der Wissenschaft eröffnet: »Hat man auch über den Zusammenhang der verschiedenen Entdeckungen wenig Betrachtungen angestellt, so ist doch unschwer zu erkennen, daß Wissenschaften und Künste sich gegenseitig weiterhelfen und daß infolgedessen etwas Gemeinsames sie verbinden muß.«[15]

Da die Wissenschaften ihre Gegenstände ohnehin nicht unvermittelt vor Augen legen können, führt nach Condillac die Analyse der Begriffe auf historisch zurückliegende Erfahrungen. Der Ursprung der Erkenntnis ist demnach immer schon dessen Interpretation, in der das Subjekt schließlich seiner selbst bewußt wird: »In der Physik [...] sind die Analysen [der Begriffe, G. M.] nur insoweit vollständig, als sie sich auf bereits gemachte Entdeckungen beziehen. Es ist vergeblich, wenn wir alle sinnlich wahrnehmbaren Qualitäten zerlegen; es wird uns dabei notwendig etwas entgehen. [...] Wir haben nur Erkenntnisse, die sich auf uns beziehen; was die Dinge sind, wissen wir nur in ihrer Beziehung auf uns, während die Analysen nicht in sich selbst vollständig sind. So sind unsere Begriffe beschaffen, die wir uns von den sinnlich wahrnehmbaren Objekten bilden.«[16]

Wenn d'Alembert diese erkenntnistheoretischen Betrachtungen auch nicht in allen Einzelheiten aufgenommen und weiterverfolgt hat, so liegt doch deren Orientierung auch dem *Discours* zugrunde. Der Zusammenhang der Wissenschaften und ihrer Ergebnisse, deren Totalität das Ziel der Enzyklopädie darstellt, liegt deshalb in einem virtuellen Gesamtsubjekt, das implizit immer schon vorausgesetzt ist, wo überhaupt Wissenschaft getrieben wird. Seine Realität ist durch Reflexion auf die Genesis der Erkenntnisse zunächst zum Bewußtsein und dann durch gesellschaftliche Praxis zur historisch bestimmenden Kraft zu erheben.

Kant hat den regulativen Gebrauch der Ideen der reinen Vernunft

15 Hier S. 12
16 Condillac, *L'Art de penser, Œuvres complètes,* Bd. VI, Paris (Houel) 1798, S. 221 ff. (Übers. von mir, G. M.)

daraufhin untersucht, ob diese nicht, wiewohl subjektimmanente Bestimmungen, auf eine transsubjektive Einheit aller Erkenntnis so hingeordnet seien, daß ein System der Wissenschaften nach ihnen möglich sei. Sosehr diese Erörterung über alle geschichtliche Bewegung hinausgehoben erscheint, so verdankt sie sich doch ebensosehr der Idee der Enzyklopädie, welche ihrerseits ihrer geschichtlichen Situation entstammt, aber zugleich stillschweigend jene Überzeitlichkeit in Anspruch nahm, die Kant erst am Ende des 18. Jahrhunderts als Bedingung der Entfaltung der Wissenschaften und ihrer praktischen Wirksamkeit in der geschichtlichen Zeit bestimmte: »Übersehen wir unsere Vernunfterkenntnisse in ihrem ganzen Umfange, so finden wir, daß dasjenige, was Vernunft ganz eigentümlich darüber verfügt und zustande zu bringen sucht, das Systematische der Erkenntnis sei, d.i. der Zusammenhang desselben aus einem Prinzip. Diese Vernunfteinheit setzt jederzeit eine Idee voraus, nämlich die von der Form eines Ganzen der Erkenntnis, welches vor der bestimmten Erkenntnis der Teile vorhergeht und die Bedingungen enthält, jedem Teile seine Stelle und Verhältnis zu den übrigen a priori zu bestimmen.«[17] Der Gedanke der Enzyklopädie ist die historische Manifestation der Idee, die nach Kant den Verstandesgebrauch regulativ bestimmt und in dieser Funktion von der Geschichte unabhängig ist.

Wie Kant die Herstellung der vollständigen Einheit der Verstandeserkenntnis für eine unendliche Aufgabe hielt, so haben auch Diderot und d'Alembert die Enzyklopädie für unabgeschlossen und womöglich unabschließbar gehalten: »Was ist also unser Ziel? Die Vollendung eines Werkes, das nie vollbracht werden kann und das weit über die menschliche Intelligenz gehen würde, wenn es vollendet würde. Sind wir nicht unvernünftiger als die Urbewohner der Ebene von Sennaar? Wir wissen, daß die Entfernung von der Erde zum Himmel unendlich ist, und unterlassen es trotzdem nicht, den Turm von Babel zu bauen.«[18]

Verfällt damit die Vollständigkeit des Systems im ontologischen Sinne der aufklärerischen Kritik, so fehlt es doch nicht an Kriterien, nach denen der esprit systématique verfahren kann, um nicht nur

17 Kant, *Kritik der reinen Vernunft*, B 673
18 Diderot, *Gedanken zur Interpretation der Natur*, l. c., S. 422f.

eine willkürliche Ordnung seiner Gedanken, sondern auch die der von diesen intendierten Gegenstände zu konzipieren. Deren Systematik bleibt einer Vernunft immanent, deren Selbstreflexion bei den Enzyklopädisten indessen nicht auf reine Epistemologie beschränkt ist, sondern welthistorische Wirksamkeit intendiert. Noch die regulativen Ideen Kants sind nicht entbehrliches weltanschauliches Ornament einer wissenschaftlichen Philosophie, vielmehr komprimiert sich in ihnen dasselbe praktische Interesse, das die Aufklärung insgesamt bewegt: »Diese Idee postuliert demnach vollständige Einheit der Verstandeserkenntnis, wodurch diese nicht bloß ein zufälliges Aggregat, sondern ein nach notwendigen Gesetzen zusammenhängendes System wird. Man kann eigentlich nicht sagen, daß diese Idee ein Begriff vom Objekte sei, sondern von der durchgängigen Einheit dieser Begriffe, sofern dieselbe dem Verstande zur Regel dient. Dergleichen Vernunftbegriffe werden nicht aus der Natur geschöpft, vielmehr befragen wir die Natur nach diesen Ideen und halten unsere Erkenntnis für mangelhaft, solange sie denselben nicht adäquat ist.«[19]

Die Adäquanz zwischen dieser Idee und der positiven Einzelerkenntnis ist durch die Bearbeitung der Natur herzustellen, wodurch das Material in der Reinheit erscheint, die die exakte Bestimmung der Naturgesetze ermöglicht. Naturwissenschaft und handwerkliche Kunst sind daher nach aufklärerischem Verständnis nicht vollkommen zu trennen. Die Aufnahme vieler Artikel über artisanale und frühindustrielle Techniken in die Enzyklopädie entspringt daher nicht einem oberflächlichen Pragmatismus, sondern vielmehr dem revolutionären zivilisatorischen Aufbruch, der sich in der aufklärerischen Konzeption von Wissenschaft geltend macht: die Natur, letzthin immer ihr Gegenstand, ist danach durch die Formen der Erkenntnis selbst bestimmt, diese wiederum durch die gegenständliche Tätigkeit, welche sie aneignet und gesellschaftlich verfügbar macht. Die Wissenschaften von der moralischen Welt, Geschichte, Recht und Ökonomie, sind mittelbar auf die Natur bezogen; ihr Gegenstand ist immer relativ auf die historisch veränderliche Stellung des Menschen in der Natur.

Dies trifft auch auf die Disziplinen zu, die sich auf den Menschen

19 Kant l. c.

im engeren Sinne beziehen, wie die Seelenlehre und die Sprachwissenschaften. Gilt der Aufklärung die Seele als das Vermögen der Selbsterhaltung in der ersten und in der zweiten Natur, so sieht sie die Sprache durchweg als eine gesellschaftliche Qualität an, in der die überindividuelle Objektivität der Wissenschaft ihr Medium hat: »Ein gemeinsames Idiom wäre das einzige Mittel, eine Übereinstimmung zwischen den Gliedern der Menschheit herzustellen, eine Übereinstimmung, die sie zum Kampf gegen die Natur zusammenschließen könnte, die wir doch ständig bezwingen müssen, sowohl im Physischen wie im Moralischen. Angenommen, dieses Idiom sei anerkannt und festgelegt: dann werden die Begriffe sofort beständig, dann verschwinden die Zeitunterschiede, berühren sich die Orte, entstehen Verbindungen zwischen allen bewohnten Orten in Raum und Zeit, verständigen sich alle lebenden und denkenden Wesen.«[20]

Die Objektivität der Wissenschaft ist nach der Einsicht der Enzyklopädisten von einem Subjekt herzustellen, das im Prozeß fortschreitender Erkenntnis sich selbst erst herausbildet, um am Ende mehr zu sein als ein imaginärer Fluchtpunkt des Wissens: Würde in ihm die Einheit der menschlichen Gattung begriffen, so könnte hieraus praktisch das politische Subjekt der künftigen Geschichte entstehen. Ist das letzte Materialobjekt aller Wissenschaften und Künste die Natur, so ist deren objektive Einheit, wenn sie auch kein Gegenstand möglicher Erfahrung ist, zugleich die Garantie der intentionalen Einheit des menschlichen Geistes. Diese Einheit ist aber zugleich subjektiv, Betätigung des menschlichen Interesses an Natur: »Vor allem darf man eine Überlegung nicht außer acht lassen: Wenn man den Menschen oder das denkende, die Erdoberfläche von oben betrachtende Wesen ausschließt, dann ist das erhabene und ergreifende Schauspiel der Natur nur noch eine traurige und stumme Szene. Das Weltall verstummt, Schweigen und Dunkelheit überwältigen es; alles verwandelt sich in eine ungeheure Einöde, in der sich die Erscheinungen – unbeobachtete Erscheinungen – dunkel und dumpf abspielen. Das Dasein des Menschen macht die Existenz der Dinge doch erst interessant.«[21]

Die Bestimmungen der Tätigkeit, die das virtuelle menschliche

20 Diderot, Artikel »Enzyklopädie«, *Phil. Schriften,* l. c., S. 163
21 L. c.

Gattungssubjekt direkt oder indirekt auf die Natur richtet, teilen den Stoff der Wissenschaften und Künste so, daß daraus die enzyklopädische Ordnung entspringt: »So bilden also das Gedächtnis, die Vernunft im eigentlichen Sinne und die Vorstellungskraft die drei verschiedenen Möglichkeiten für unseren Geist, seine Gedankeninhalte zu verarbeiten. [...] Diese drei Fähigkeiten bilden zunächst die drei Hauptteile unseres Systems und die drei Hauptgebiete des menschlichen Wissens: die Geschichte auf der Grundlage des Gedächtnisses, die Philosophie als Ergebnis der Vernunftarbeit und die schönen Künste als Gebilde der Vorstellungskraft.«[22]

Diese Ordnungsbegriffe der Enzyklopädie erscheinen vordergründig als Verallgemeinerungen von Fähigkeiten des einzelnen Menschen und folglich willkürlich. Können aus ihnen freilich keine transzendentalen Grundsätze im Sinne Kants hergeleitet werden, so ist der Plan der menschlichen Kenntnisse, da er ja kein rationalistisches System sein soll, doch auch nicht beliebige Setzung. Die enzyklopädische Einteilung ist vielmehr in der aufklärerischen Konzeption einer allererst zu verwirklichenden Gesellschaft fundiert, in der die einzelnen empirischen Subjekte zu ihrem Recht kämen, indem sie in planmäßiger Arbeitsteilung zu deren Zweck beitragen: »Das ist es, was uns dazu bestimmt hat, in den Hauptfähigkeiten des Menschen die allgemeine Einteilung zu suchen, der wir unsere Arbeit untergeordnet haben. [...] Der Mensch ist der einzigartige Begriff, von dem man ausgehen und auf den man alles zurückführen muß, wenn man sogar bei den nüchternsten Betrachtungen und den trockensten Einzelheiten gefallen, fesseln, ergreifen will. Was liegt mir, wenn ich von meiner Existenz und dem Glück meiner Mitmenschen absehe, noch an der übrigen Natur?«[23]

Die enzyklopädische Idee der Wissenschaft scheint anthropozentrisch zu sein. Aber dies gilt nicht in dem Sinne der alten Metaphysik, derzufolge der Mensch ontologisch die höchste Rangstufe in der Ordnung der Natur einnehmen sollte. Solche Anthropozentrik verfällt vielmehr scharfer Kritik. Holbachs *System der Natur* ebenso wie Diderots wissenschaftstheoretische Reflexionen demonstrieren den illusionären Charakter jenes metaphysischen Op-

22 Hier S. 48
23 Diderot, l. c., S. 187

timismus, der den Menschen ein falsches Selbstbewußtsein vermittelt, welches die reale Unfreiheit verschleiert. Die aufklärerische Einsicht in die Bedeutungslosigkeit der menschlichen Stellung in der Natur ist daher nicht die Negation der Humanität, sondern vielmehr die Voraussetzung für deren Herstellung. Nicht einmal die Kräfte der Erkenntnis, auf deren Autonomie und Spontaneität die Aufklärung die Einheit der Wissenschaft begründete und in die sie die Hoffnung auf den Menschheitsfortschritt setzte, können völlige Souveränität über die Natur behaupten: »Der Verstand hat seine Vorurteile, der Sinn seine Unzuverlässigkeit, das Gedächtnis seine Grenzen, die Einbildung ihr Zwielicht, das Werkzeug seine Unvollkommenheit. Die Erscheinungen sind unendlich, die Ursachen, die Formen vielleicht vergänglich. Gegenüber so vielen Hindernissen, die wir in uns selbst finden, die uns die Natur aber auch von außen her entgegensetzt, besitzen wir nur eine langsame Erfahrung und eine beschränkte Reflexion. Dies sind die Hebel, mit denen die Philosophie die Welt aus den Angeln heben will.«[24]

Die revolutionäre Metapher zeigt zunächst die Auflösung der idealistischen Vorstellungswelt an, in der die Menschen vermeintlich in einer wohlgeordneten Natur von einer ihnen ähnlichen, aber unendlich überlegenen Intelligenz zu ihrem Besten regiert werden. Darüber hinaus ist die Welt aus den Angeln zu heben, in der ein politisches Interesse Erkenntnis und allgemeinen Fortschritt behinderte. Die Aufklärer erkannten für ihre eigene Epoche, daß die fromme Kontemplation des Universums mit einer Ergebung in die Unabänderlichkeit der Welt, wie sie ist, verbunden ist. In dieser Haltung war der Aufklärung die selbstverschuldete Unmündigkeit greifbar, die nicht bloß ein individuelles Problem ist, da sie nur im gesellschaftlichen Maßstab aufgehoben werden kann.

Die natürliche und geschichtlich produzierte Unzulänglichkeit der menschlichen Existenzbedingungen erfordert ein gesellschaftliches Subjekt, das sie zu ändern vermag. Eine gleichsam enzyklopädische Beziehung der Teilarbeiter aufeinander und auf ein Ganzes, in dem sie ihre Bestimmung erhalten, ist das Ziel, das eine Gesellschaft anstreben muß, die sich in ihren Mitgliedern ihrer selbst bewußt ist und durch einen gemeinsamen Willen zusammengehal-

24 Diderot, *Gedanken zur Interpretation der Natur*, l. c., S. 430

ten wird: »Eine Wissenschaft und eine Kunst entstehen nur bei der Anwendung unserer Reflexionen auf vorausgegangene Reflexionen und durch die Verbindung unserer Gedanken, Beobachtungen und Erfahrungen mit den Gedanken, Beobachtungen und Erfahrungen unserer Mitmenschen.«[25]

Die Enzyklopädisten begreifen den Menschen somit, sowohl was seine Erkenntnis wie das, was sein Handeln anbetrifft, als ein gesellschaftliches Wesen. Diese alte aristotelische Bestimmung des Menschen erhält hier einen neuen Akzent. Gegenüber einer als statisch vorgestellten Wesensbestimmung, die zudem ursprünglich auf die athenische Polis bezogen war, setzt die Aufklärung das Wesen des Menschen in die durchgängig als gesellschaftlich erkannte Arbeit. Sowohl die Erkenntnis wie die gegenständliche Tätigkeit fallen unter diesen Begriff. Die Verbindung zwischen dem vorgefundenen Stoff, dem Arbeitsmittel und dem zu erreichenden Zweck wird von den Aufklärern als unabweisbar fortschreitende Entwicklung begriffen. Erfindungen, zu denen der menschliche Intellekt fähig ist, entstammen nicht ihm allein, sondern auch der Variation von Arbeitsmitteln, die als tradierte schon vorliegen. In der systematischen Beziehung der Teilarbeiten in einer bestimmten Zeit tritt noch der historische Aspekt hinzu, daß die Resultate vergangener Aneignung von Natur die gegenwärtigen material bestimmen. Das Kontinuum der aufeinander folgenden und auseinander hervorgehenden Erfindungen, welches das Modell der aufklärerischen Fortschrittstheorien bildet[26], fällt in ein kollektives Bewußtsein, das die Enzyklopädisten überall voraussetzen, wo sie von der Akkumulation des Wissens reden.

Die gängige Meinung, die Aufklärung habe kein historisches Bewußtsein, wird von den Reflexionen widerlegt, die Diderot, an Fontenelle anknüpfend, der Geschichte als konstitutivem Moment für das menschliche Bewußtsein widmet. Was die Menschen sind, verdanken sie seit dem Anfang der Geschichte akkumulierter Erfahrung. Von den Rückfällen in die Barbarei abgesehen, sieht die Aufklärung in diesem fortwährenden Lernprozeß die Erwartung in die

25 Diderot, Artikel »Enzyklopädie«, l. c. S. 163
26 Dieser gesamte Komplex ist kürzlich eingehend untersucht worden von J. Rohbeck, *Die Fortschrittstheorie der Aufklärung*, Frankfurt am Main 1987

moralische Vervollkommnung des Menschen begründet: »Ein feingebildeter Geist unseres Jahrhunderts, sagt Fontenelle, ist sozusagen das Produkt aller Geister der vergangenen Jahrhunderte. Während dieser ganzen Zeit hat sich nur ein und derselbe Geist nach und nach gebildet.«[27]

Ohne Bewußtsein gab es also schon immer ein Subjekt der Geschichte, das jeweils Tradition übernehmen, bilden und weitergeben konnte. Gäbe es den Zusammenhang des Tradierten nicht, so auch kein gegenwärtiges Bewußtsein. Denn jedes Bewußtsein einer gegebenen Jetztzeit ist Moment in einem virtuellen Gesamtsubjekt, das nicht separat existiert, aber in der Reflexion auf die Vereinbarkeit seiner Gegenstände sich erschließt. Da kein empirisches Bewußtsein bestimmt sein kann, das nicht einen Gegenstand und damit das vergangene Denken über ihn in sich hat, ist es immer schon auf die Tradition bezogen, die es selbst fortführt auch dort, wo es noch nie Dagewesenes hervorbringt. Wissenschaft und Kunst, in denen die Aufklärung die Hauptquellen der Zivilisation sieht, werden tatsächlich in unübersehbar vielen räumlich und zeitlich disparaten Teilprozessen hervorgebracht. Aus der Perspektive der Resultate aber erscheinen sie so, als wären sie Produkte eines einzigen ubiquitären Subjektes, das im Gesamtprozeß der Akkumulation von Wissen und praktischen Fähigkeiten immer dasselbe bleibt. Zum Bewußtsein der empirischen Subjekte erhoben, ist dieser Zusammenhang von einzelner Erkenntnis und dem sie bedingenden Allgemeinen eine entscheidende Triebkraft der Aufklärung: »So hat der Mensch, der vom Anfang der Welt bis jetzt gelebt hat, seine Kindheit hinter sich, in der er sich nur um die dringendsten Bedürfnisse des Lebens gekümmert hat, und auch seine Jugend, in der er im Reich der Phantasie, etwa der Dichtung und der Redekunst, schon verhältnismäßig viel vollbracht und sogar angefangen hat, vernünftig zu denken – allerdings noch nicht auf solider Grundlage, sondern mehr aus Begeisterung; jetzt aber steht er im Mannesalter, in dem er viel tiefer und klarer denkt als je zuvor. Eigentlich kann dieser Mensch überhaupt nicht alt werden, er wird zu den Dingen, zu denen er in seiner Jugend tauglich war, immer gleich fähig sein, und zu den Dingen, die dem Mannesalter entsprechen, immer fähiger werden. Mit ande-

27 Diderot, Artikel »Philosophie«, l. c., S. 400

ren Worten, um die Allegorie aufzugeben: die Menschen werden nie verfallen, sondern die vernünftigen Einsichten aller guten Köpfe, die aufeinander folgen, werden einander immer aufs beste ergänzen.«[28]

Freilich muß im 18. Jahrhundert der Schatz des Wissens erst allgemein verfügbar gemacht werden. Erst dann kann das individuelle Bewußtsein sich zu einem kollektiven erweitern. Nur wenn alle theoretischen und praktischen Kenntnisse begrifflich einheitlich bestimmt sind, wenn also die reine Mathematik auf gleiche Weise zugänglich ist wie die Handwerkskunst des Schmiedes oder des Webers, können tendenziell alle an der gesellschaftlichen Arbeit beteiligten Individuen ihre Position im System des Ganzen bestimmen. Diese Transparenz der Gesellschaft und ihrer arbeitsteiligen Reproduktion bestimmt geradezu die zentrale Intention der Aufklärung. Ihre Utopie der Erkenntnis ist eine freie Gesellschaft ihrer selbst bewußter Individuen, in der die Produktivkräfte entfesselt und der sich mehrende Reichtum allen gerecht zugeteilt ist. In dieser materiellen, nicht bloß rechtlich-formalen Gleichheit der Menschen, die in vielen aufklärerischen Schriften erhoben wird und über deren bürgerlichen Horizont hinausführt, liegt die moralische Einheit begründet, welche ihrerseits die transsubjektive Verbindlichkeit der Erkenntnis bestimmt.

Die emphatische Idee der Öffentlichkeit kennzeichnet das Bewußtsein, das die Aufklärung von der historisch fälligen Veränderung hat. Wenn ein Handwerker aus der Enzyklopädie eine Einführung in die ägyptische Philosophie, ein Mathematiker Aufschluß über die Strumpfherstellung erhalten kann, dann entspricht dies der Absicht ihrer Initiatoren, nicht nur in den Köpfen einiger Theoretiker die lückenlose Beziehung noch der entferntesten Gegenstände herzustellen, sondern die enzyklopädische Ordnung in der Gesellschaft real werden zu lassen. Die Forderung nach der Öffentlichkeit aller gesellschaftlich bedeutsamen Kenntnisse und Fähigkeiten wandte sich gegen erhebliche Hindernisse. Der Analphabetismus war noch allgemein verbreitet und mußte von einem neuen öffentlichen Erziehungssystem erst überwunden werden, damit die Aufklärung ihren Adressaten auch erreichte. Die Gesellschaft kann so-

28 Diderot l. c.

wenig wie die Künste und Wissenschaften in exklusive Bereiche sich zerteilen. Wie in der Gesellschaft die hierarchischen Beziehungen der Individuen verschwinden müssen, so verbindet die einzelnen alphabetisch und damit egalitär angeordneten Artikel der Enzyklopädie das von d'Alembert und Diderot mehrfach erläuterte Verweissystem. Das Einzelne bleibt hier singulär, wird also nicht dem esprit de système geopfert, und ist doch vom esprit systématique in Beziehung gesetzt.

Die Enzyklopädie und die Gesellschaft ihrer Autoren stellt in nuce die Gesamtgesellschaft vor, die sie durch die Veröffentlichung alles erreichbaren Wissens erst bilden will und deren Antizipation ihr immer schon Regulativ der Erkenntnis ist. Die Einheit der Erkenntnis ist somit in einer virtuellen Gesellschaft begründet, die ihrerseits als ein funktionales System nach ihrer Realisierung strebt. Das Ganze ist hierbei durch die Tätigkeit seiner Teile konstituiert. Jedes Individuum verrichtet bestimmte Arbeit, die auf die Arbeit anderer zweckmäßig verweist, so daß es in der enzyklopädischen Idealvorstellung gar keine unproduktiven Stände mehr gäbe. Viele Artikel in der Enzyklopädie, die sich auf ökonomische Gegenstände beziehen, bezeugen diese bürgerliche Vorstellung.[29] Polemisch gegen eine Ständegesellschaft, in der die müßige Minderheit das Produkt der arbeitenden Mehrheit verzehrt, hat die Aufklärung in der Vorstellung einer universal und planmäßig arbeitenden Gesellschaft freilich noch nicht die antagonistische Form vor Augen, in der sie später verwirklicht wurde, sondern vielmehr die einheitstiftende Funktion der aus arbeitsteiligen Teilprozessen sich konstituierenden Totalität. Allen Teilarbeitern war dabei das fortgeschrittenste Bewußtsein erreichbar zu machen.

Unter diesem Aspekt kommt den naturwissenschaftlichen und vor allem den technischen Artikeln der Enzyklopädie besondere Bedeutung zu. Der Fortschritt der Produktivkräfte konnte nur durch deren gesellschaftliche Organisation ins Werk gesetzt werden. Die technisch zweckmäßige Beziehung der verschiedenen Arbeiten war nur herzustellen, wenn die Handwerke und mechanischen

29 Cf. den Artikel »Bettler« (Mendiant) von Jaucourt. Hier wird der Vorschlag gemacht, anstelle von Gefängnissen Arbeitshäuser zu errichten, da das bloße Einsperren von arbeitslosen Delinquenten gesellschaftlich unproduktiv sei.

Künste an den Fortschritten der Naturwissenschaft teilhatten. Die Enzyklopädisten sahen ihre Aufgabe darin, die hier notwendigen Verbindungen systematisch herzustellen. Da ihnen dies vornehmlich ein Problem der Vereinigung aller Bruchstücke des Wissens und von dessen Nutzung für die Herstellung von Gebrauchswerten war, blieb freilich die Frage nach dem Eigentum an den Produktionsmitteln am Rande.

Die Bewußtwerdung des bürgerlichen Geistes im 18. Jahrhundert, deren Ausdruck und Movens die Enzyklopädie in einem ist, vollzieht sich hier direkt an den Produktionsmethoden, denen die Naturstoffe zu unterwerfen sind. Maschinerie und große Industrie waren noch nicht erfunden, in deren historisch später realisierter Form die Arbeiter zu Anhängseln der Produktionsmittel wurden; in der manufakturellen Produktionsweise konnte die gesellschaftliche Gleichheit noch realisierbar erscheinen. Der Überblick des einzelnen über die Zusammenhänge der Produktion war für diese förderlich. Eine durch die Vernunft jedes einzelnen aufgeklärte öffentliche Meinung schien die Stelle eines historischen Subjekts einnehmen zu können. Ist nach aufklärerischer Überzeugung die Vernunft solcherart erst einmal öffentliche Angelegenheit geworden, so kann sich herrschaftliche Gewalt vor ihr nicht mehr rechtfertigen.[30]

Dieses die Epoche kennzeichnende Bewußtsein von der Macht der Öffentlichkeit ist seiner Natur nach nicht in den engen Grenzen der durch die zufällige Macht der Territorialfürsten willkürlich bestimmten Nationalstaaten zu halten. Es weiß sich vielmehr schon im 18. Jahrhundert als international. So wollte die Aufklärung die Menschheitsinteressen befördern und die Konkurrenz der Staaten beenden, noch ehe die Kapitale, in nationalen Einheiten organisiert, auf dem Weltmarkt aufeinander einschlugen. Das weitgespannte Netz der wissenschaftlichen und literarischen Beziehungen, in denen die Gelehrten und Künstler der Epoche über nationale Grenzen hinaus standen, bezeugt die Objektivität der historischen Bewegung, die sich in der Enzyklopädie konzentriert ausdrückt.[31]

30 Mit der durch die politische Situation gebotenen Vorsicht hat Diderot dies in seinem Enzyklopädieartikel »Autorität« sehr deutlich ausgesprochen (cf. *Phil. Schriften* I, S. 255 ff.).

31 Das internationale Interesse an der Enzyklopädie bekundet sich deutlich in

Wiewohl heftig bekämpft von allen konservativen und reaktionären Kräften des ancien régime, ist die Idee der Enzyklopädie doch nicht etwas unvermittelt Neues. Die Literaturgeschichte des 17. und 18. Jahrhunderts weist nämlich eine Entwicklungslinie auf, die schließlich auf die Enzyklopädie hinausläuft.[32] Schon im 16. Jahrhundert gab es Bestrebungen, zumindest die philosophischen Wissenschaften unter humanistischen Prinzipien zu vereinen und gegen die im Formalismus erstarrte Universitätswissenschaft zu wenden. Pierre Bayles *Dictionnaire historique et critique* verbindet seine historischen, politischen und gesellschaftlichen Gegenstände durch das Bewußtsein der Kritik, das im 17. Jahrhundert schon mit Descartes begonnen hatte, sich auf sich selbst zu besinnen. Die falsch affirmative Philosophie und Theologie verfällt ebenso skeptischer Auflösung wie die Politik des Despotismus, die sich mit religiöser Intoleranz verteidigt. Die Enzyklopädie beansprucht für sich ausdrücklich einen neuen Charakter: »Dieser Charakter zielt auf die Änderung der herkömmlichen Denkweise ab.«[33] Hierin und in der alle Teile bestimmenden Absicht, jede Person zu befähigen, zur Aufklärung des Zeitalters beizutragen, geht die Enzyklopädie d'Alemberts und Diderots weit über verwandte Werke früherer Zeiten hinaus. Die mittelalterlichen Gesamtdarstellungen des Wissens wenden sich zwar seit dem 12. Jahrhundert immer mehr von der frommen Kontemplation ab und einem produktiven Verständnis von Wissenschaft zu, aber den Anspruch auf universale profane Emanzipation erheben sie noch nicht ausdrücklich. Moréris *Grand Dictionnaire historique et géographique* sowie schließlich die englische *Cyclopaedia* von Chambers stellen Materialsammlungen dar, während die Enzyklopädie die Verbindung der einzelnen Gegenstände in praktischer Absicht intendierte.

Kennen Wissenschaft, Gewerbe und Kunst keine Standesschranken und keine nationalen Grenzen, so verstand sich die Gesellschaft der Enzyklopädisten als Keimzelle einer vernünftig eingerichteten

dem Angebot der Zarin Katharina II., das Unternehmen nach Riga zu transferieren, als es 1761 zum wiederholten Male in Frankreich vor der Gefahr eines abrupten Endes stand.

32 Zu diesen Zusammenhängen cf. F. Schalk, *Einleitung in die Enzyklopädie der französischen Aufklärung*, München 1936

33 Diderot, Artikel »Enzyklopädie«, l. c., S. 196

menschlichen Weltgesellschaft. Dieser moralische Fortschritt wird durch die differenzierte Arbeitsteilung in der Wissenschaft wie in der gesellschaftlichen Arbeit möglich. Denn nur die arbeitsteilige Reproduktion kann den zivilisatorischen Fortschritt bewirken. Aber diese Arbeitsteilung nimmt Abschied von der aus der Antike überkommenen Ansicht, daß die Arbeit der Erkenntnis, der körperlichen Arbeit in jeder Hinsicht überlegen sei und eine höhere Tugend darstelle. Denn die theoretische Erkenntnis kann nach aufklärerischem Verständnis nicht praktisch folgenlos bleiben, und die gegenständliche Tätigkeit bedarf, über die bloße Reproduktion der Gesellschaft hinaus, eines erkennbaren geschichtlichen Zieles: »Das Interesse der Wahrheit würde verlangen, daß die Denkenden sich endlich dazu herbeilassen, sich mit den Schaffenden zu verbinden, damit der Theoretiker davon befreit wäre, sich abzumühen, und der Praktiker bei der unendlichen Mühe, die er sich gibt, ein Ziel hätte; damit alle unsere Anstrengungen vereinigt und gleichzeitig gegen den Widerstand der Natur eingesetzt werden können und damit in einem derartigen Bund jeder die ihm zukommende Rolle spielen könnte.«[34]

Die »société de gens de lettres«[35], die sich zu der Gemeinschaftsarbeit der Enzyklopädie zusammengeschlossen hat, weiß sich darin einig, daß das Detail wie die Totale vom Menschheitsinteresse bestimmt sein müssen. Wenn dieser hohe Anspruch im Verlaufe der über zwei Jahrzehnte sich hinziehenden Publikation auch durchaus nicht in jedem Artikel realisiert ist, wenn es im Gegenteil viele geschwätzige und nicht einmal informative Beiträge gibt, so bezeugen doch die vielen und hartnäckigen Versuche, das Unternehmen zum Scheitern zu bringen, daß die interessierten Kreise die Grundlinie richtig verstanden hatten. Denn das neutrale Sammeln und Entwikkeln naturwissenschaftlicher Erkenntnisse war im 18. Jahrhundert längst privilegiert.

Die Akademien der Wissenschaften, die sich seit dem 17. Jahrhundert, oft unter staatlichem Schutz, der Akkumulation von Wissen widmeten, hatten sich zur Zeit der Enzyklopädie so stark vermehrt und spezialisiert, daß sie vielfach kaum einen Anspruch auf

34 Diderot, *Gedanken zu Interpretation der Natur,* l. c., S. 419
35 Hier S. 11

umfassende Präsentation des Standes der Bildung erheben konnten. Die Vielzahl der Akademien, zu deren Umkreis noch eine Menge gelehrter Gesellschaften und privater Salonzirkel zu rechnen ist, bezeugt überall die Tendenz, die Produktivkräfte zu entwickeln. Jede dieser Gesellschaften schränkte sich aber auf eine partikulare Aufgabe ein, so daß die gesellschaftliche Form, in der das Wissen akkumuliert wurde, letzthin anarchisch blieb.

Haben d'Alembert und Diderot auch einen großen Teil ihrer Mitarbeiter aus den Kreisen jener Gelehrter gewonnen, die an Akademien und wissenschaftlichen Gesellschaften spezifische Forschungen betrieben, so setzen die Initiatoren der Enzyklopädie deren Interesse dennoch deutlich von jenen Vereinigungen ab. Die Enzyklopädie muß, von herrschaftlichem Einfluß frei, öffentlich ihren selbstgesetzten universalen Zweck verfolgen, während die Untersuchungen der Akademien vielfach isoliert waren und unveröffentlicht blieben. Diderot hat für diesen Mißstand auch die Willkür der Herrschenden verantwortlich gemacht und im selben Zusammenhang deutlich werden lassen, daß die Enzyklopädie in den Großen des ancien régime ihre politischen Gegner hat: »Ein Monarch kann wohl mit einem einzigen Wort ein Schloß aus dem Rasen hervorzaubern; doch mit einer Gesellschaft von Schriftstellern verhält es sich nicht wie mit einer Schar von Handlangern. Eine Enzyklopädie läßt sich nicht befehlen. [...] Die literarischen Projekte der Großen gleichen Blättern, die im Frühling sprießen, im Herbst aber alle verdorren und unaufhörlich, eins nach dem anderen, auf den Boden der Wälder fallen, wo die Nahrung, die sie einigen unfruchtbaren Pflanzen liefern, der ganze Nutzeffekt ist, den man dabei bemerkt.«[36]

So sind viele Abhandlungen über Produktionsinstrumente in den Archiven der Akademien geblieben. Zudem waren sie oft als gelehrte Abhandlungen konzipiert und nicht zur Anwendung in der Praxis. Dennoch hat die Entfaltung der Akademien und wissenschaftlichen Vereinigungen gerade durch deren Spezialisierung der in dieser Hinsicht komplementären Idee der Enzyklopädie den Boden bereitet. Der anarchischen Sammlung des Wissens tritt die Gesellschaft der Enzyklopädisten entgegen, die das Interesse von

36 Diderot, »Enzyklopädie«, l. c., S. 155f.

Gesellschaft überhaupt zu verfolgen verspricht. Dies Interesse bekundet sich nicht allein in den Partien der Enzyklopädie, in denen deren Intentionen deklariert werden, vielmehr geht es in das Material ein. So haben d'Alembert und Diderot den Stand der Produktionstechniken in allen Bereichen an der Quelle aufgenommen, viele Artikel von Handwerkern oder nach deren Anweisungen schreiben lassen, oft aber mußten die Initiatoren die Technik eines speziellen Handwerks erst erlernen, um sie zum Begriff zu erheben und damit gesellschaftlich verfügbar zu machen: »Es gibt indessen so eigenartige Berufe und so verzwickte Handhabungen, daß man schwerlich einen genauen Bericht über sie geben kann, ohne selbst in ihnen gearbeitet, ohne eigenhändig die Maschine bedient und das Werk unter den eigenen Händen entstehen sehen zu haben. Verschiedentlich war es daher notwendig, Maschinen zu beschaffen, sie aufzustellen und Hand anzulegen, sozusagen also zum Lehrling zu werden und höchstpersönlich eine schlechte Arbeit zustande zu bringen, um dann andere darüber belehren zu können, wie man gute anzufertigen hat.«[37]

Die Aufnahme der oft ganz begrifflos und instinktmäßig[38] betriebenen Techniken in eine allgemein verbindliche Sprache macht sie erst zu gesellschaftlichen Produktivkräften. So hat die Enzyklopädie ein epochales Bewußtsein artikuliert, das auch die Details der materiellen Reproduktion umfaßte. Die Forderung nach unreglementierter Öffentlichkeit für alles Wißbare hat dessen Vergesellschaftung zur Folge. Ist sein allgemeiner Stand mit der Enzyklopädie überhaupt erst verfügbar, so wird es zum Konstitutionsgrund eines historischen Subjekts, das in der aufgeklärten Gesellschaft in allen Individuen seiner selbst bewußt ist und die Lebensbedingungen der Menschen kontinuierlich zu ändern vermag.

Dieser universale Anspruch der Enzyklopädie wie der radikalen Aufklärung überhaupt bereitet die Revolution vor. Die Emanzipation des französischen Bürgertums, die sich am Ende des 18. Jahrhunderts eruptiv Geltung verschaffte, sollte nur der erste Schritt zur Herstellung des weltbürgerlichen Zustandes sein. Die großen Posen

37 Hier S. 109
38 Dies ist die Charakterisierung eines weitverbreiteten Typs handwerklicher Arbeit. Cf. hier S. 109

der Akteure verdecken leicht die materielle Basis, die die Revolution in der Entfesselung der Produktivkräfte hatte. Die Anarchie der Verhältnisse, in denen die Produktion organisiert war, ließ schon d'Alembert einen Umsturz erwarten: »Überall treten regelmäßige Umwälzungen auf, und die geistige Dunkelheit wird durch ein neues Zeitalter der Aufklärung ihr Ende finden. Nach einiger Zeit der Finsternis wird das Tageslicht dann um so heftiger auf uns einstrahlen. Diese Dunkelheit wird eine Art an sich unheilvoller, aber in ihren Folgen manchmal doch segensreicher Anarchie sein. Immerhin wollen wir uns davor hüten, eine so furchtbare Umwälzung zu wünschen.«[39]

Die Revolution, die den Enzyklopädisten unausweichlich erschien, bestand vornehmlich in durchgreifenden Reformen, wie sie Turgot, selbst zeitweilig Mitarbeiter d'Alemberts und Diderots, als Generalkontrolleur der Finanzen in den Jahren 1774 bis 1776 versucht hat. Sie liefen auf eine Abschaffung des ständischen Partikularismus hinaus, der außer dem Handel vor allem die gleichmäßige Entwicklung der Produktionsweise behinderte. Die Beseitigung von Binnenzöllen und die Angleichung von Landrecht und römischem Recht waren vorgesehen, vor allem aber ein gerechteres Steuersystem. Alle diese Maßnahmen liefen partikularen ständischen Privilegien zuwider, und es ist kein Zufall, daß die Turgotsche Reform am Widerstand der Nutznießer gescheitert ist.

Einige wesentliche Momente jener Gesellschaft, der die Enzyklopädisten entgegengearbeitet haben, wurden in der Revolution Wirklichkeit. Aus vielfältig reglementierten Untertanen wurden in Frankreich Personen, die vor einem allgemein gültigen Recht frei und gleich sind. Das Land erhielt überhaupt erst eine zentrale und demokratisch kontrollierbare Verwaltung sowie ein öffentliches, für alle zugängliches und von der Kirche unabhängiges Erziehungssystem, zwei der wichtigsten Bedingungen für das enzyklopädistische Subjekt der Geschichte. Die Französische Republik, »une et indivisible«, wurde so zu einer Gesellschaft im modernen Sinne. Soweit die Autonomie der Einzelnen verwirklicht wird, deren Wille sich in der Gesellschaft verbindliche Gesetze gibt, sind im Staat der Revolution Ideen der Aufklärung Realität geworden.

39 Hier S. 93

Die Anarchie der Interessen, die der Verwirklichung der aufklärerischen Vernunft immer im Wege stand, ist freilich nur in ihrer alten feudalen Gestalt abgeschafft worden. Unter dem neuen bürgerlichen System wurde der Antagonismus der Interessen vielmehr überhaupt erst zum Movens der Produktion, deren technische Entwicklung bald nach der Revolution viele Erwartungen der Enzyklopädie erfüllte und übertraf. Die Einsetzung von Maschinen an die Stelle lebendiger Arbeit, die Verfeinerung und Beschleunigung der Fertigungsprozesse, haben die politische Revolution durch die industrielle fortgesetzt. Die Enzyklopädie hat an deren Ausgangspunkt das Arsenal gesammelt, das im Maschinensystem des 19. Jahrhunderts immer weiter wuchs.

Wenn die Verfügung über immer größere Bereiche der Natur sich systematisch ausdehne, so werde der moralische Fortschritt der Menschheit nicht ausbleiben können, da doch das Moralische vom Physischen nie unabhängig sei. Diese aufklärerische Überzeugung griff indessen zu kurz, da sie einen wesentlichen Umstand noch kaum einbeziehen konnte. Die Produktionsmittel, zu deren Vervollkommnung die Wissenschaft zur öffentlichen Angelegenheit werden sollte, sind zwar vergegenständlichtes Wissen, aber zugleich sind sie ökonomisch Kapital, dessen Wert sich verwerten muß. Diese Rolle erfüllt nur das Privateigentum, das als partikulares mit je anderem Kapital konkurriert. Haben d'Alemberts und Diderots wissenschaftstheoretische Reflexionen die Verwiesenheit aller Teilarbeiten auf einen ideellen Gesamtarbeiter deutlich gemacht, so sah doch ihre Vorstellung von organisierter gesellschaftlicher Arbeit nicht vor, daß diese das Resultat mörderischer Konkurrenz der Kapitale sein müsse. Mit der aufklärerischen Idee eines Zustandes, in dem jedes Gesellschaftsglied mit geschultem Bewußtsein das Ganze und damit zugleich sein eigenes Interesse befördert, war es nicht vereinbar, daß die Maschinerie nur die Arbeit der unmittelbaren Produzenten ansaugt und sie dann als wachsende industrielle Reservearmee ins Elend stürzt, nur um den Wert des in der Produktion eingesetzten Kapitals zu erhöhen.

An die Stelle des menschlichen Subjekts, das die Enzyklopädie als Herrn der Geschichte einsetzen wollte, trat ein automatisches. Innovationen, die ganze Produktionszweige revolutionieren, werden nicht primär gefördert, um die Lebensbedingungen der Menschen zu verbessern, sondern um des Profits willen, den jedes Kapital bei Strafe des Untergangs machen muß. Das Subjekt, das diese Bewegung, oft an den Absichten der menschlichen Akteure weit vorbei, streng reguliert, ist anonym und keiner Selbstreflexion in den empirischen Subjekten fähig. Darin verbirgt sich wohl ein gesellschaftliches Verhältnis, aber es ist nicht das Ergebnis des freien Willens aller Kontrahenten. Nicht einmal die Eigentümer der Produktionsmittel sind wirklich die Herren der ökonomischen Prozesse. Die immer gigantischere Maschinerie, die eingesetzt werden muß, um in der internationalen Konkurrenz der Kapitale einen Profit zu erzielen, folgt den Gesetzen der Verwertung, denen schließlich auch die natürlichen Lebensbedingungen der Menschen zum Opfer fallen.

Zweihundert Jahre nach der Großen Revolution ist es Mode geworden, der Aufklärung diese katastrophalen Folgen anzulasten, die der Entfesselung der Produktivkräfte entstammen, da sie doch den Fortschritt zum Programm erhoben hatte. Die Moderne, für die sie einsteht, sei gescheitert, denn jeder technische Fortschritt habe sich unmittelbar als sein Gegenteil erwiesen. Aus diesen Klagen zieht die zeitgenössische Zivilisationskritik freilich zuweilen die Konsequenz, den Prozeß der technischen Innovationen überhaupt zu beenden und vielleicht gar die Rückkehr zur einfachen Reproduktion in Kauf zu nehmen.

Dabei ist es nicht ein Entwicklungsgesetz der Technik selbst, das deren humane Zwecke zerstört, vielmehr ist es die partikulare und deshalb anarchische Form, in der die Ergebnisse der Wissenschaft in die Produktion eingehen. Wenn ein neues Verfahren nur deshalb eingeführt wird, weil es dem einzelnen Kapital Extraprofite verspricht, die alle anderen einholen und übertreffen müssen, dann werden die humanen Zwecke des Produktivitätsfortschritts zum gelegentlich verwendeten Reklametrick, der nur den Absatz der Produkte erleichtert.

Die Wissenschaft der Enzyklopädie ist deshalb so wenig durchgebildete Realität geworden wie die Gesellschaft, die sie befördern wollte und ideell schon überall antizipiert hat. Die partikulare Instrumentalisierung des Wissens hat ebenso wie seine scheinbar wertfreie, in Wahrheit wahllose Anhäufung den revolutionären Anspruch der Enzyklopädie preisgegeben, denn beide Versionen des nachaufklärerischen Verständnisses von Wissenschaft negieren das

Subjekt, das ihre Einheit begründet und politisch bestimmt. Die scheinbare Vernunftkritik, die in der wissenschaftlich-technischen Rationalität als solcher den Quell des Übels aller Zivilisation sieht, bekämpft nicht dessen Ursache, sondern die notwendige Bedingung seiner Korrektur. Aus dem berechtigten antimetaphysischen Impuls gegen die Reduktion der Welt auf absolute affirmative Einheit betreibt sie die Distraktion jenes Bewußtseins, dessen kontinuierliche Selbstreflexion die Heteronomie des automatischen Subjekts der Geschichte liquidieren könnte. Nur einem Subjekt, das seiner selbst bewußt ist und eben deshalb seine natürlichen Grenzen kennt, kann die Vielheit der Dinge erscheinen.

Die geschmähte Moderne ist deshalb noch gar nicht wirklich geworden: Eine Wissenschaft, die nicht dem metaphysischen Trugbild absoluter Naturbeherrschung und totaler Produzierbarkeit nachläuft, aber dennoch des Subjekts bewußt ist, dem die Erkenntnis zugute kommt, und den esprit systématique in der Verbindung der Einzelerscheinungen entfaltet, könnte die politische Konsequenz aus der Auflösung der Metaphysik befördern. Diese Negation des Herrschaftsdenkens diente nicht immer wieder neuer Herrschaft, sondern verwirklichte die gesellschaftliche Bestimmung der Menschen, die sie erst zu autonomen einzelnen Subjekten macht.

Philosophie

Elias Canetti
Masse und Macht
Band 6544

Hans-Georg Gadamer (Hg.)
Philosophisches Lesebuch
3 Bände: 6576 / 6577 / 6578

Max Horkheimer
Gesellschaft im Übergang
Aufsätze, Reden und Vorträge 1942–1970. Werner Brede (Hg.)
Band 6545
Sozialphilosophische Studien
Aufsätze, Reden und Vorträge 1930–1972. Werner Brede (Hg.)
Band 6540
Zur Kritik der instrumentellen Vernunft
Band 7355

Martin Jay
Dialektische Phantasie
Die Geschichte der Frankfurter Schule und des Instituts für Sozialforschung. Band 6546

Susanne K. Langer
Philosophie auf neuem Wege
Das Symbol im Denken, im Ritus und in der Kunst
Band 7344

Joachim Schickel
Philosophie als Beruf
Band 7315

Karl Marx / Friedrich Engels
Studienausgabe
Iring Fetscher (Hg.)
Philosophie
Bd. 1 / 6059
Geschichte und Politik
Bd. 3 / 6061
Geschichte und Politik 2
Bd. 4 / 6062

Bertrand Russell
Das ABC der Relativitätstheorie
Band 6579
Moral und Politik
Band 6573
Philosophie
Die Entwicklung meines Denkens
Band 6572

Hans Joachim Störig
Kleine Weltgeschichte der Philosophie
Band 6562

Carl Friedrich von Weizsäcker
Der Garten des Menschlichen
Beiträge zur geschichtlichen Anthropologie. Band 6543

Charles Whitney
Francis Bacon
Die Begründung der Moderne
Band 6571

Zum Thema: Französische Revolution

Geschichte

Louis Bergeron/
François Furet (Hg.)
Das Zeitalter der europäischen Revolutionen 1780-1848
Fischer Weltgeschichte Band 26

Günter Barudio (Hg.)
Das Zeitalter des Absolutismus und der Aufklärung 1648-1779
Fischer Weltgeschichte Band 25

Robert Darnton
Literaten im Untergrund
Lesen, Schreiben und Publizieren im vorrevolutionären Frankreich
Band 7412

Richard van Dülmen
Die Gesellschaft der Aufklärer
Studien zur bürgerlichen Emanzipation und aufklärerischen Kultur in Deutschland
Band 4323

François Furet / Denis Richet
Die Französische Revolution
Band 7371

Walter Markov (Hg.)
Revolution im Zeugenstand Frankreich 1789-1799
Bd.: 1 Aussagen und Analysen
Band 4355
Bd.: 2 Gesprochenes und Geschriebenes. *Band 4356*

Konrad Engelbert Oelsner
Luzifer oder
Gereinigte Beiträge zur Geschichte der Französischen Revolution.
Eine Auswahl herausgegeben von Werner Greiling
Band 4381

Michel Vovelle
Die Französische Revolution
Soziale Bewegungen und Umbruch der Mentalitäten
Band 4340

Philosophie

Ernst Cassirer/
Jean Starobinski/Robert Darnton
Drei Vorschläge, Rousseau zu lesen
Band 6569 (in Vorbereitung)

Jean-Jacques Rousseau
Schriften
2 Bände: 6567 / 6568

Jean Lerond d'Alembert
Einleitung zur 'Enzyklopädie'
Herausgegeben von Günther Mensching. *Band 6580*

Fischer Taschenbuch Verlag

fi 477 / 1

Philosophisches Lesebuch

Herausgegeben von Hans-Georg Gadamer

Drei Bände in Kassette.
Die Bände sind auch einzeln erhältlich.

Das dreibändige Lesebuch Hans-Georg Gadamers eröffnet einen dritten Weg: Anhand originaler, in sich geschlossener und ungekürzter Quellentexte wird der Leser mit Sprach- und Denkstil der bedeutendsten Philosophen unmittelbar bekannt gemacht. Einführende Essays erleichtern das Verständnis; die Texte selbst sind jedoch so ausgewählt, daß sie ganz ohne kommentierendes Beiwerk die wirkungsmächtigsten Ideen hervortreten lassen.

Band 1 führt ein in die Philosophie der Vorsokratiker, die klassische Philosophie Athens (Plato, Aristoteles), die Philosophie des Hellenismus (von Epikur bis Plotin) und christliche Philosophie des Mittelalters. *Band 6576*

Band 2 führt ein in die Philosophie der Neuzeit. Ausgehend vom Umsturz des naturwissenschaftlichen Weltbilds (Kopernikus, Kepler) veranschaulichen die Texte die Entfaltung eines spezifisch modernen, rationalistischen Denkens (Descartes, Spinoza), das mit Kants Philosophie der Aufklärung seinen vorläufigen Abschluß findet. *Band 6577*

Band 3 führt ein in die Philosophie des neunzehnten und zwanzigsten Jahrhunderts. Der deutsche Idealismus (Hegel, Fichte) wird konfrontiert mit einem ganzen Spektrum von Gegenbewegungen, aus denen die Denkmotive der Gegenwart sich entfalten (Schopenhauer, Kierkegaard, Marx, Nietzsche). Die Herrschaft von Wissenschaft und Technik wird dann zum zentralen Problem des Selbstverständnisses von Philosophie (Cohen, Russel, Heidegger). *Band 6578*

Fischer Taschenbuch Verlag

fi 66/1